JN059500

Introduction to Tax Lawyer

対話でわかる
租税「法律家」入門

佐藤修二
Sato Shuji
【編著】

木村浩之 | 向笠太郎 | 安田雄飛
Kimura Hiroyuki | *Mukasa Taro* | *Yasuda Yuto*
【著】

中央経済社

はしがき

　ここに，『対話でわかる租税「法律家」入門』をお届けします。

　租税「法律家」とは耳慣れない言葉かと思います。英語の"tax lawyer"に相当する語として，故金子宏名誉教授は「租税弁護士」を用いられ（金子宏『租税法〔第24版〕』（弘文堂，2021）139頁），私も，これを書名に使ったことがあります（『事例解説　租税弁護士が教える事業承継の法務と税務』（日本加除出版，2020））。しかし，私は，2022年秋に，20年ほどにわたる弁護士としての仕事に区切りをつけ，租税法を専攻する大学教員に転じました。その後，勤務する大学のゼミで使用することを一つの目的として，旧知の木村浩之弁護士に加え，向笠太郎弁護士，安田雄飛弁護士とともに，法的観点から租税について見てみよう，というコンセプトで，本書を作ることになりました。その際，何か，tax lawyerに相当する日本語をタイトルに入れてみたいと思いながら，私自身は弁護士登録を取り消したのでどうしようか，と相談する中で出てきたのが，租税「法律家」というキーワードです。"lawyer"は，「法律家」とも訳され，それであれば租税法を専攻する法学教師である私も含まれることになる，という発想からでした。

　こうして租税「法律家」をタイトルに掲げる本書は，現在に至るまで実務において圧倒的な，簿記・会計を基礎とする租税の見方に対して，法的観点から租税について語るものです。近年，租税分野でも，多くの事案が国税不服審判所や裁判所で争われ，税理士などの税務専門家も，判例の研究をすることが増えたように思います。そのような状況を受け，本書では，（法曹ではない）税務専門家に，「法律家」として活躍していただくための素材を提供することを一つの目標としています。他方で，私自身の本書企画のきっかけのように，司法試験の選択科目でもある「租税法」を学んでみようとする法学部生・法科大学院生や若手弁護士が，自らの「法律家」としての素養を活かしつつ，租税について学べるものともしたいと考えました。

本書は，3本の柱で構成されます。

　まず，第1章は，本書の中核であり，課税当局の処分を裁判所が取り消した「納税者勝訴事例」の分析・検討を通して，課税当局の見方と法律家である裁判所の見方の違いを浮き彫りにし，具体的素材に基づいて租税「法律家」としての思考方法を提示します。

　第2章は，訴訟の前段階の国税不服審判所での勤務経験を有する3名が，鼎談形式で，国税不服審判所の実情を語り尽くし，国税不服審判所の審理においても法的思考が重要となっていることを紹介します。

　最後の第3章では，税務専門家が課税当局と接する場面として最も身近な税務調査についても，法的思考が活きることを示します。

　本書の特長と自負するのは，第1章に「ディスカッション」のパートを設け，また，第2章は全体を鼎談形式として，「対話」を重視していることです。私は，木村浩之弁護士，故野田秀樹氏と上梓した『対話でわかる国際租税判例』（中央経済社，2022）の執筆経験を通じて，単独の著者による執筆とは異なる対話形式の著作に魅力を感ずるようになり，本書でもそのコンセプトを取り入れてみました。なお，第1章のうち私の執筆に係る部分は，佐藤修二編著『実務に活かす！税務リーガルマインド』（日本加除出版，2016）に掲載した事例の中から今も重要と考えられるものを再掲した関係で，同書の記述をほぼそのまま利用していますが，対話部分を付加することにより，検討に膨らみがもたらされているはずです。第2章・第3章も，本書の執筆陣が新たに書き下ろしたものではありますが，上掲書の執筆時のアイディアを叩き台として本書の執筆陣で議論した成果という面もあることをお断りしておきたいと思います。

　『対話でわかる国際租税判例』は，対話部分が好評であったようであり，本書でも，第1章の「ディスカッション」や第2章の鼎談が，読者の皆様にとって魅力的なものとなっていることを願っています。

執筆者を代表して

佐藤　修二

目　次

第2章　国税不服審判所の外部登用制度 ─経験者による鼎談

103

Column

納税者勝訴事例に学ぶ租税法の考え方

　本章では，納税者が勝訴した裁判事例の検討を通じて，裁判所で通用している租税法の考え方の骨子を学ぶ。納税者勝訴事例を素材とするのは，課税当局の判断と裁判所の判断が分かれた事例を見ることによって，法律家のものの見方を浮き彫りにするためである。

　法的なものの考え方の特色の一つに，法的三段論法と言われる思考方法がある。法的三段論法とは，①法令のルールを大前提，②証拠によって認定される事実を小前提とし，③法令に事実を当てはめることによって結論を出す，という考え方である。

　法的三段論法の二つの要素は，「法令」と「事実」である。

　本章ではまず，前者の「法令」の解釈にまつわる考え方を，「Ⅰ　租税法の解釈における諸原則」として，「1　文理解釈の基本とその射程」，「2　私法の尊重」，「3　通達の位置づけ」という三本柱で取り上げる。

　次に，後者の「事実」について，「Ⅱ　適正な事実認定」として，「1　事業目的の正当な認定」と「2　事案の全体像を的確に捉えた事実認定」に大きく分けて取り上げる。

租税法の解釈における諸原則

1 ｜ 文理解釈の基本とその射程

　租税法では，法的安定性及び予測可能性の観点から，条文の文言に沿った文理解釈が基本とされる。他方で，文理解釈を貫くと納税者に酷な結果をもたらすことがあり，文理解釈を乗り越える裁判事例も見られる。また，租税条約の解釈については特殊な部分もある。これらを順次，見ていきたい。

⑴　ホステス源泉徴収事件（最判平成22年 3 月 2 日民集64巻 2 号420頁）

ア　事案の概要
　本件は，パブクラブを経営する納税者がホステスに支払う報酬に係る源泉徴収税額の算定方法が問題となった事案である。

　パブクラブを経営する者がホステスに報酬を支払う場合，その支払金額から「政令で定める金額」を控除した残額に所定の税率を乗じて計算した金額が納付すべき源泉所得税の額となるところ（所得税法204条 1 項 6 号，205条 2 号），所得税法施行令322条は，上記の「政令で定める金額」を，「同一人に対し 1 回に支払われる金額」につき，「5,000円に当該支払金額の計算期間の日数を乗じて計算した金額」（下線は筆者）とする旨規定している。

　本件の納税者は，毎月 1 日から15日まで及び毎月16日から月末までをそれぞれ 1 期間と定め，集計期間ごとに各ホステスの報酬の額を計算し，毎

月1日から15日までの報酬を原則としてその月の25日に，16日から月末までの報酬を原則として翌月の10日に，各ホステスに対してそれぞれ支払っている。そこで，納税者は，源泉徴収税額の算定に当たり，各ホステスの報酬の額から，5,000円に各集計期間の全日数を乗じて計算した金額を控除して源泉所得税額を算出し，納付した。

　これに対して課税庁は，上記控除額は5,000円にホステスの「実際の出勤日数」を乗じて計算した金額にとどまるとして，これを基に計算される源泉所得税額と納税者らの納付額との差額について課税処分を行い，その取消しを求めて納税者が出訴したのが本件である。第一審及び控訴審は納税者の請求を認めず，上告審に至った。

イ　裁判所の判断

　最高裁は，以下のとおり判示した。

　「一般に，『期間』とは，ある時点から他の時点までの時間的隔たりといった，時的連続性を持った概念であると解されているから，施行令322条にいう『当該支払金額の計算期間』も，当該支払金額の計算の基礎となった期間の初日から末日までという時的連続性を持った概念であると解するのが自然であり，これと異なる解釈を採るべき根拠となる規定は見当たらない。

　原審は，上記……のとおり判示するが，租税法規はみだりに規定の文言を離れて解釈すべきものではなく，原審のような解釈を採ることは，上記のとおり，文言上困難であるのみならず，ホステス報酬に係る源泉徴収制度において基礎控除方式が採られた趣旨は，できる限り源泉所得税額に係る還付の手数を省くことにあったことが，立法担当者の説明等からうかがわれるところであり，この点からみても，原審のような解釈は採用し難い。

　そうすると，ホステス報酬の額が一定の期間ごとに計算されて支払われている場合においては，施行令322条にいう『当該支払金額の計算期間の日数』は，ホステスの実際の稼働日数ではなく，当該期間に含まれるすべ

11

ての日数を指すものと解するのが相当である。」（下線は筆者）

ウ　判決のポイント

　本判決は，租税法の解釈方法の基本を判示した判例である。

　「租税法規はみだりに規定の文言を離れて解釈すべきものではな」いという点を，最高裁が，わざわざ明示的に判示したことには，インパクトがあるように思われる。というのも，憲法84条の定める「租税法律主義」には，法的安定性，予測可能性という機能があると言われており，その観点からは，租税法規は，条文の文言に沿った，「文理解釈」を基本とすべきことは，ある意味では当然である。条文の文言から読み取れないような解釈に基づいて税金を支払えと言われても，国民としては困ってしまうからである。そのように，当然と言えば当然のことを，最高裁がわざわざ，「みだりに」という，ある種刺激的な用語も用いて明示したわけである。直接的には原判決に対するコメントであるが，実質的には課税当局が「みだりに」法解釈を行ったという趣旨であろうと思われ，課税当局に対する「お叱り」ではないかと思われる。

　税の世界では，昔から「実質課税」という言葉が繰り返し使われるが，課税当局は，租税法令の規定の文言は「ともかくとして」，ことがらの実態を見れば課税されて然るべきである，という思考方法に傾きやすいように思われる。それは一種の正義感の表れとして，有益な面もないではないが，わが国が法治国家である以上，「租税法律主義」を忘れることはできない。本章でいくつか裁判例を取り上げるように，ここ10年ほどは，課税における私法上の契約の尊重といった考え方が裁判例上も定着してきているから（その一事例として，後記2(2)の岡本倶楽部事件がある），ひところに比べれば「実質課税」の傾向は減ってきたかもしれないが，まだまだこうした考えは，当局内で根強いように思う。そのような傾向に対して釘をさす意味で，最高裁はあえてこのような判示をしたのではないかと感じられる。

～ディスカッション～

向笠：本判決が租税法の解釈方法の基本が文理解釈であると示した一方で，裁判例の中には，納税者に有利な方向で文理を超えた解釈をするものがあります。一見すると，これは矛盾しているようにも思うのですが，本判決の射程の捉え方によっては，論理的に矛盾していないといえるように思います。すなわち，本判決を，課税当局が「みだりに」法解釈を行うことを認めず，実質課税を否定した事案と捉えれば，本判決は，あくまで課税当局による租税法の法解釈に関するものであり，納税者に有利な方向での解釈は事案が異なるから，本判決の射程外である，という理解もあるかと思うのですが，いかがでしょうか。

佐藤：大変興味深いご指摘で，谷口勢津夫先生が，教科書の第7版に至り，まさに「みだりに」という判例の表現に着目して，そのような解釈を打ち出されています[1]。本書でも取り上げる延滞税事件（後記1(4)）が，文理を乗り越えて納税者を救済した典型例であると思います。

向笠：本判決を契機として，租税法の解釈方法について，文理解釈が原則で，文理解釈では規定の意味内容が明らかにできない場合に趣旨解釈を行う，という理解が一般的となったように存じます。

　　もっとも，本判決をよく読むと，原審のような解釈を採ることが文言上困難である，とした後に続けて，「ホステス報酬に係る源泉徴収制度において基礎控除方式が採られた趣旨は」とも判示しています。したがいまして，本判決は，読み方によっては，租税法の解釈について，「文理解釈が原則」という方法ではなく，「文理解釈のみならず趣旨解釈も行う」という方法を採用したようにも思えるのですが，いかがでしょうか。

佐藤：これもまた鋭いご指摘です。私自身は，向笠先生のご指摘どおり，本判決は，租税法解釈の原則が文理解釈であることを宣明したものとし

1　谷口勢津夫『税法基本講義〔第7版〕』（弘文堂，2021）45頁。

て大きな意義を見出しています。しかし，増井良啓先生は，本判決を典型例として挙げつつ，最高裁は，租税法令の文理を基本としつつ，規定の趣旨・目的を考慮した解釈を行っている，という形で捉え，（文理解釈の「原則」ではなく）「文理解釈の基本」という風にまとめておられます[2]。おそらく，本件だけでなく，全体的な最高裁の判断の傾向の捉え方としては，増井先生のお考えが妥当なのだと思います。ただ，私自身は，こと本判決に関する限りは，増井先生も指摘されている「文言から離れた解釈をいましめる」[3]点を重視して捉えています。

向笠：租税法の解釈方法として文理解釈が原則であるとすると，借用概念，すなわち，租税法で用いられている概念が民法等で用いられている概念を借用している場合，借用元における意味が，租税法上もその概念の通常の意味である，ということになろうかと存じます。

　このように考えた場合，借用元において概念が固まっていない場合はどのようになるのでしょうか。たとえば，武富士事件（後記2(1)）で問題となった「住所」について，民法上は単一説と複数説があり，古い判例は単一説に立っているようですが，学説上は複数説が有力のようです。武富士事件自体については結論が出ていますが，借用元の概念が固まっていない，あるいは揺らいでいるような場合，どのように考えるのがよいのでしょうか。

佐藤：租税訴訟の事案で問題となる借用概念の解釈が，元の民法等の分野で定まっていない場合，裁判所はそもそも租税法よりもむしろ，借用元の民法等のほうが得意であると思われるので，借用元の分野における解釈を行った上で，それを租税法の場面に適用することになると思います。

　ちなみに，論点の異なる話ですが，武富士事件は，「住所」の意義は民法と同義に解する，と言ったものの，その民法における解釈自体が，客観的な生活の本拠というような，具体的事件に当てはめた場合に一義

2　増井良啓『租税法入門〔第3版〕』（有斐閣，2023）49頁。
3　増井・前掲注（2）49頁。

的には決まらない抽象的なものでしたので，借用概念は借用元と同じように解するのだ，というだけでは結論に直結しなかった事案と理解しています。

⑵　**アリコ事件**（東京地判平成24年12月7日判時2190号3頁）

ア　事案の概要

本件は，納税者が，その保有する米ドル建社債について，外国為替の売買相場が著しく変動したとして，事業年度終了時の外国為替の売買相場により円換算した金額とその時の帳簿価額との差額に相当する金額を損金の額に算入して法人税の確定申告を行ったところ，課税庁が，納税者が損金の額に算入した上記差額に相当する金額のうち一部の外貨建社債に係るものについては，その外国為替の変動に伴って生ずるおそれのある損失の額を減少させるためにデリバティブ取引が行われており，損金の額に算入されないなどとして，更正処分をしたことから，その取消しを求めた事案である。

本件は，デリバティブやヘッジという金融取引に関わるものであり，事案の理解には，少なくともオプション取引や，ヘッジの考え方についての一定の理解を要する。しかしながら本判決をここで取り上げたのは，「デリバティブに関する判決」ということではなく，「租税法の解釈の在り方に関する判決」として注目すべきものであるからである。本判決の結論は，租税法規をどのように解釈すべきか，という観点から導かれたのである[4]。

本件のポイントは，以下のようなものである。争点は，納税者が保有していた米ドル建社債に係る為替変動リスクは，同社が保有していた米ドルのプットオプションによって有効にヘッジされていたといえるか否か，という点であった。仮に米ドル建社債に対して米ドルプットオプションが

4　神山弘行教授による本判決の評釈（ジュリ1458号8頁）のタイトルも，「租税法規の解釈
　―デリバティブ取引等の有効性判定」であり，租税法規の解釈の在り方がメインテーマに据
　えられている。

ヘッジ手段として有効なものであった場合には，租税法令上，米ドル建社債の価格変動に伴う期末における評価損の計上は，認められない。これに対して，このようなヘッジが有効なものでなかった場合には，評価損の計上が認められるという関係にあった。そして，納税者は，有効性判定の方法として，租税法令に規定されている「デリバティブ比較法」（ヘッジ対象である米ドル建社債の値動きと，ヘッジ手段である米ドルプットオプションの値動きを比較する方法）を用いて算定を行ったところ，「ヘッジは有効ではない」という結論に至り，評価損を損金に計上したのである。これに対して課税庁は，租税法令には明示的に規定されていない「基礎商品比較法」（オプションの基礎商品である米ドルそのものの値動きと，ヘッジ対象である米ドル建社債の値動きを比較する方法）を採用して，この方法によればヘッジは有効であるから，損金計上は認められないとしたのである。

＜図表：アリコ事件の争点の整理＞

	基礎商品比較法の使用	ヘッジの有効性	損金計上
課税庁	可	有効	不可
納税者	不可	無効	可

　問題は，課税庁が採用した基礎商品比較法は，租税法令に規定されていない（租税法令から読み取れない）方法であった，という点である。

イ　裁判所の判断

　東京地裁は，概要以下の①から③のように判示して，課税庁の主張を否定した。

　①　確かに，金融商品会計実務指針156項が企業会計上のオプション取引に係る有効性判定の方法としてデリバティブ比較法のみならず基礎商品比較法をも認めた趣旨は，オプション取引については，その有効性判定の時点においてアウト・オブ・ザ・マネーの状態にあり，ヘッジ対象資産等

損失額を相殺する利益が生じていない場合であっても，その後，基礎商品の価格が変動し，その権利行使の時点において，イン・ザ・マネーの状態にあれば，ヘッジ対象資産等損失額を相殺する利益が生じることになることから，有効性判定の時点においてアウト・オブ・ザ・マネーの状態にあるオプション取引について，その有効性が否定されることがないようにするためであると解されるところ，法人税法61条の6に規定する繰延ヘッジ処理の趣旨が，ヘッジ取引の実態を正しく示すことにあることに照らせば，企業会計上，ヘッジ取引として有効であると認められる取引については，税務上も，繰延ヘッジ処理が適用されることが望ましいということができる。

②　しかしながら，租税法規は侵害規範であって，法的安定性の要請が強く働くものであるから，みだりに規定の文言を離れて解釈すべきではない（最高裁判所平成22年3月2日第三小法廷判決・民集64巻2号420頁参照）ところ，基礎商品比較法にいう「オプションの基礎商品の時価変動額」が，その文言上，法人税法施行令121条1項1号にいう「デリバティブ取引等に係る法61条の6第1項に規定する利益額又は損失額」に該当しないことは上記のとおりであって，上記のような金融商品会計実務指針156項及び法人税法61条の6の趣旨を考慮してもなお，法人税法施行令121条1項1号の文言を離れ，明らかに同号に規定する有効性判定の方法には当たらない基礎商品比較法を，同号に規定する有効性判定の方法として取り扱うべきであると解すべき合理的理由は見出すことができない。

③　さらに，課税庁は，法人税基本通達2－3－48及び国税庁のホームページ上の照会に対する回答において，オプション取引の有効性判定の方法として，基礎商品比較法によることを認めているところ，このような取扱いは，デリバティブ取引には多種多様な種類の取引が存在し，その内容も日々進化しており，すべての取引に対応する合理的な判定方法について，子細に政令で定めることは極めて困難であることなどに鑑みれば，合理的な取扱いである旨主張する。

しかし，そもそも，租税法規は，みだりに規定の文言を離れて解釈すべ

きでないことは前記のとおりであるが，この点をおくにしても，<u>基礎商品</u><u>比較法が法人税法施行令121条１項１号に規定する有効性判定の方法とし</u><u>て認められるか否かは，専ら同号の解釈により決せられるべきものであっ</u><u>て，通達の定めや実際の税務運用上の取扱いにより，その結論が左右され</u><u>るべきものではない。</u>

　また，<u>オプション取引は，デリバティブ取引の中でも一般的ないし典型</u><u>的な類型に属する取引であって，現に金融商品会計実務指針は，平成12年</u><u>１月31日に公表された当初から，オプション取引の有効性判定の方法とし</u><u>てデリバティブ比較法と基礎商品比較法の２つを認める旨の明文の規定を</u><u>設けていたのであるから，少なくともオプション取引について，政令にお</u><u>いて，金融商品会計実務指針156項と同旨の規定を設けることは十分に可</u><u>能であったのであり，それにもかかわらず政令があえてそのような規定を</u><u>設けなかった以上は，租税法規の解釈として，そのような規定があるもの</u><u>として解することは許されないといわざるを得ない。</u>（下線は筆者）

ウ　判決のポイント

　筆者は，本判決の以上のような判示を初めて読んだとき，あたかも課税当局が「お叱り」を受けているような感じを受け，非常に驚いた。判決が述べるのは，要するに，こうである。①実質的に考えれば，基礎商品比較法は，ヘッジの有効性判定の方法として優れているし，会計基準はこの方法を認めている，②しかしながら，租税法令は，どのように読んだとしても，この基礎商品比較法を認めているとはいえない，③課税庁側は，通達や，国税庁のホームページでは基礎商品比較法の利用を認めているというが，それは租税法令の解釈を左右する事情ではない，④オプションはデリバティブの中では基本的なものであり，会計基準は基礎商品比較法が採用可能であることを明示しているのであるから，課税当局としても，必要があればそれが採用可能であると政令で書いておけばよかっただけであるのに，それをしないままに上記のような主張をするのは「許されない」。

　何とも痛烈な当局批判ではないだろうか。本判決は第一審判決であるが，控訴審判決（東京高判平成25年10月24日税資263号順号12321）を読むと，課税当局は，第一審判決に従う形で減額更正を行ったようである。したがって，控訴審では，第一審の争点が争われることはなく，国側が別の争点を提出したため，それが時機に遅れた攻撃防御方法であるかが争われ，結論としては時機に遅れたものではないということになって，控訴審で国側が「一部勝訴」した格好となっている。国側が第一審の判断を争わなかった理由は分からないが，「ここまで正論をはっきり言われてはどうしようもない」ということもあったのかもしれない。

～ディスカッション～

木村：私も佐藤先生の意見に同感であり，本件のように特に租税回避の要素が見当たらないにもかかわらず，課税当局があえて文言を離れた解釈をして課税するというのは許されないことと思います。他方で，本件とは異なり，納税者による租税法令の不備を突いたような租税回避が疑われる事案で，課税当局が文言を拡大解釈して課税するということもあるように思います。そのように租税回避が疑われる場合でも，租税法律主義の原則からすると，やはり厳格な文理解釈が要請されると考えるべきでしょうか。

佐藤：私は，租税回避が疑われる事案でも，と言いますか，むしろそのような事案でこそ，厳格な文理解釈が要請されると考えています。租税回避と，適法な節税との境界は曖昧でもあり，法律を日本語の通常の意味どおりに読んだ上で課税関係を検討し，自らの行動を決めた納税者の予測可能性は，やはり保障すべきと考えるからです。

　なお，アリコ事件は，納税者サイドは技巧的なことを行ってはいませんが，課税当局は，租税法令の穴を突いて損失を計上したものと捉えて，あえて文理を乗り越えて課税をしたものかもしれません。裁判所からは，穴があるとしても，そのように条文を作ったのは国なのだから仕方がな

い，というお叱りも受けてしまっているわけですが。

木村：租税法律主義の要請により，課税要件を定める租税法令の文言は明確である必要があると思いますが，立法技術上の問題で，課税すべき範囲を具体的な文言によって適正に画することが困難なこともあります。そこで，いわゆる不確定概念を用いたり，「その他これに類する」といったキャッチオール条項を挿入したりすることが考えられます。そうすると，課税の範囲が一定程度不明確とならざるを得ず，納税者が萎縮してしまうという事象が起こり得ます。そのような場合に，納税者としては，どのように対応すべきでしょうか。

佐藤：ご指摘の点は，いわゆる一般的否認規定などについて実務上も気にされているところかと思います。同族会社の行為計算否認規定（法人税法132条）や組織再編成に係る行為計算否認規定（同法132条の2）については，ユニバーサルミュージック事件（後記Ⅱ1⑴）などの判例によって，条文そのものよりは適用の基準が明確化されたともいえますが，それでもまだ，納税者にとっては不安が残るところではあります。実務上の予防対応としては，そのような問題こそ，法令の読み方や判例の分析に長けた法律家である弁護士に相談して対応すべきものであると考えています。

木村：厳格な文理解釈というのは裁判所のみならず，国税不服審判所でも尊重されていると考えてよいでしょうか。佐藤先生は訴訟代理人として租税訴訟を多く経験されたのみならず，国税不服審判所での勤務経験もおありですので，裁判所と国税不服審判所とで何か違いがありましたら，差し支えない範囲で教えていただけますと幸いです。

佐藤：国税不服審判所については第2章で詳細に紹介されますが，審判所のスタッフは，法曹実務家ではない人のほうが多いです（裁判官・検察官からの出向者や任期付職員の弁護士もいますが，割合としては少ないです）。したがって，法曹の間では一般的な法解釈の考え方も，審判所では，必ずしも共有されておらず，厳格な文理解釈の要請も，裁判所にお

けるほどには浸透していない可能性もあるかと思います。

⑶　第二次納税義務事件（高松高判令和4年8月30日判例集未登載）

ア　事案の概要

　本件は，国税を滞納していた法人（滞納法人）からレストラン事業その他の事業（本件事業）を譲り受けた法人（譲受法人）が，滞納法人の「特殊関係者」に該当するとして課税庁から第二次納税義務の納付告知処分を受け，これを争った事案である。

　国税徴収法38条は，納税者と特殊な関係のある個人又は被支配会社（特殊関係者）に事業が譲渡され，その譲受人が同一又は類似の事業を営んでいる場合，譲渡された積極財産の価額の限度において，その滞納に係る国税の第二次納税義務を負いうる旨規定している。そして，同法施行令13条2項は，特殊関係者に該当するか否かの判定時期を「事業を譲渡した時」とする旨規定している。

　本件を時系列でみると，①平成30年6月1日付けで滞納法人が新設分割によって譲受法人を設立して本件事業に係る負債及び契約を承継させ，②同日午前に滞納法人が訴外第三者たる法人（第三者法人）に譲受法人の全株式を譲渡し，③同日午後に滞納法人が第三者法人及び譲受法人に本件事業に係る資産（積極財産）を譲渡する，という経過をたどった（図表参照）。

＜図表：新設分割・株式譲渡・資産譲渡のイメージ＞

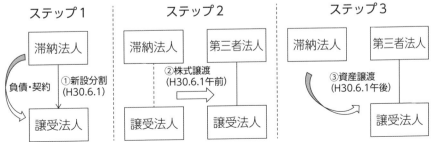

　課税庁は，①によって譲受法人が滞納法人の完全子会社（被支配会社）
となり，それと同日に③までの一連の事業譲渡がなされていることから，
「事業を譲渡した日」を基準にすると譲受法人は滞納法人の特殊関係者に
該当し，③によって譲渡された積極財産の価額の限度で第二次納税義務を
負うべき旨を主張した。

　これに対して，譲受法人は，特殊関係者該当性は「事業を譲渡した日」
ではなく「事業を譲渡した時」で判定するとされているところ，①の時点
では積極財産の譲渡がなく，その譲渡がなされた③の時点では特殊関係者
に該当しないのであるから，第二次納税義務を負うべきではない旨主張し
た。第一審は譲受法人の請求を認めず，控訴審に至った。

イ　裁判所の判断

　高松高裁は，以下のとおり判示し，譲受法人の請求を認容した。

　「法38条は，本来は納税者が納付すべき国税について，例外的に，滞納者
と一定の親近性を有する特殊関係者が，滞納者から事業の譲渡を受け，か
つ，当該事業と同一又は類似の事業を営んでいる場合に，その譲受財産の
価額の限度において，事業を譲り受けた者に第二次納税義務を負わせるこ
とを定めた規定であり，租税法規は侵害規範（権利を侵害する規範）である
ことからも，例外に該当するための要件の判断は厳格に解すべきである。」

　「事業を受け継いで営業活動を行うためには，事業のために用いる財産
（有機的一体として機能する財産）の譲受けが完了している必要があるから，
『事業の譲渡の時』とは，有機的一体として機能する財産の全部又は一部
の譲渡による財産移転の効力が生じた時と解するのが相当である。」

　「『事業の譲渡の時』との文言を用いている施行令13条2項を，『事業の
譲渡の日』と解釈することは，同条項の文理上容認することができない。」

ウ　判決のポイント

　本判決は，租税法の基本的な解釈方法である厳格な文理解釈を国税徴収

法においても適用した事例としての意義を有するほか，実務上，新設分割と株式譲渡を組み合わせた事業再生ないし事業再建の手法を促進するものとしての意義を有する。

　まず，第一の点について，租税法律主義に基づく厳格な文理解釈の原則については，租税の「賦課」の場面で問題になることが多いといえるが，同様に国民に対する権利侵害である租税の「徴収」の場面でも問題になるのであって，その根拠法である国税徴収法を解釈する際にも通用する原則であることが改めて確認された。すなわち，本判決では，第二次納税義務を課する国税徴収法の規定の要件は厳格に解すべきとした上で，「事業の譲渡の時」との文言を「事業の譲渡の日」と拡張して解するようなことは文理解釈に反して許されないとされた。

　次に，第二の点について，会社倒産の実務では，債務超過に陥った会社が一定の事業を切り出して譲渡し，第三者スポンサーの下で再建を図るということがある。その際に，単純な事業譲渡（会社法467条）によると債務や契約の承継に個別の承諾を得る必要があるため，かかる承諾が不要な会社分割（会社法2条29号・30号）によることが多いといえる。もっとも，会社分割であっても，吸収分割によって事業を承継させる場合，会社法上，1か月以上の公告と知れている債権者への個別通知という債権者保護の手続（会社法789条1項2号，同799条1項2号）が必要となる。そこで，かかる手続を省略するための実務上の工夫として，新設分割によって新設会社に事業を移管した上で，その株式を譲渡することによって承継させるという方法がある。この場合，新設会社については，債権者がいないので債権者保護の手続は不要であり，分割会社についても，新設会社に承継させる債務を分割会社が併存的債務引受けをすることで異議を述べることができる債権者がいなくなるので債権者保護の手続は不要となり（会社法810条1項2号参照），より迅速かつ円滑な事業承継が可能となる。

　ところが，ここで問題になるのが第二次納税義務である。新設分割では，新設会社の株式が譲渡されるまでの間，一時的に新設会社が分割会社の完

全子会社（被支配会社）となり，形式上，特殊関係者に該当する。そこで，新設会社が分割会社の滞納国税について第二次納税義務を負わされるとすれば，第三者スポンサーの下で再建を図るに当たって支障を来たすおそれがある。ただし，第二次納税義務の範囲は「譲渡された積極財産の価額の限度」とされているため，本件でなされたように，新設分割では負債及び契約のみを承継させ，株式譲渡後に資産（積極財産）を譲渡するという手法が考えられる。高松高裁はかかる手法を正当なものと認めたといえるのであり，今後，これが事業再生の一つの手法として活用されることが期待される。

〜ディスカッション〜

佐藤：本件は，一見すると，ストラクチャーを工夫することによって第二次納税義務を免れる租税回避スキームではないか，との見方もあり得そうです。判決も，文理解釈のみによって結論を導いており，そうして導かれた結論が妥当であるかどうかについては特段触れていないように思えます。木村先生は，本件の訴訟代理人を務められており，判決に表れていない事実関係や，事業再生の実務についてもいろいろご存じかと思います。そのようなご知見も踏まえ，結論の実質的妥当性についてのお考えをお聞かせください。

木村：本件で問題となった事業譲受人の第二次納税義務については，譲受人は事業を譲り受ける際にその対価として相当の反対給付を支払うものであることから，事業譲渡が納税者の親族や子会社などの特殊関係者に対して行われる場合，すなわち譲渡人と譲受人に実質的な同一性が認められるような詐害性が強い場合に限定して適用されるべきものです。そして，本件では，新設分割・株式譲渡・資産譲渡といった一連の取引を経て事業譲渡がなされましたが，これは債務超過に陥った滞納法人が公的な第三者機関の関与の下で金融機関と協議を重ねながら事業再生の計画を策定し，その計画の下で全く資本関係のない第三者に対して事業・

資産の売却が進められたものですので，譲渡人と譲受人に実質的な同一性が認められるような事情は何もなく，何ら詐害的とはいえませんでした。これに第二次納税義務を課すことはむしろ制度趣旨に反するものであり，結論の妥当性を欠くといえるのではないかと考えています。判決には表れていませんが，心証形成に当たってはそのあたりの事情も考慮いただけたのではないかと思います。

佐藤：そのほか，主張・立証に当たって気を遣われた点，（東京地裁で提訴することも可能だったと思いますが）高松の裁判所で提訴された理由など，勝訴に結び付いたポイントについて，代理人の立場から教えてください。

木村：本件では生の事実関係に特に争いはありませんでしたので，条文に即して課税要件事実を丁寧に整理し，その分析と当てはめをすることに意を用いましたが，国を負けさせるというのは個々の裁判官によっては心理的な抵抗がありうることも想定して，第二次納税義務の制度趣旨を丁寧に論じることで，本件で第二次納税義務を課することがむしろ制度趣旨に反するものであって結論の実質的妥当性を欠くということを理解してもらえるように工夫しました。

　　もう一つのポイントである東京と高松のいずれの裁判所に提訴するかについては非常に悩みました。東京には行政専門部があって文理解釈の原則といった租税法に特有の解釈論はすぐに理解してもらえるというメリットがある反面，相手方が国ということが行政事件を多く担当する裁判官次第でどのように影響するか分からないという懸念がありました。一方で，高松の一般民事部であれば国が相手であっても特に変わらず，通常の民事的なリーガルマインドに基づいて判断してもらえるのではないかと期待し，最終的に高松を選択しました。

佐藤：本件は一見すると租税回避的に見えることから，この判決があるとは言ってもしばらくは様子を見よう，という税務専門家もいらっしゃるかもしれません。そのような点を含め，本判決が事業再生の実務に与える影響についてお考えをお聞かせください。

木村：事業再生の手法として，本件のように新設分割と株式譲渡を組み合わせることのニーズは従前からあったものの，第二次納税義務が形式的に適用されるとスポンサー側に不測の負担が生じるため，かかる手法を用いることの阻害要因になっていたといえます。本判決は新設分割で積極財産が移転しない場合には第二次納税義務が適用されないことを明確に示したものであり，課税当局にとっても先例になると思います。課税当局は先例を尊重しますので，スポンサーが実は第三者ではなく特殊関係者であったといった特段の事情がない限り，否認されるものではないと考えられます。

　　したがって，今後，事業再生の手法を検討する上で，新設分割と株式譲渡を組み合わせることが一つのオプションとして用いやすくなったのではないかと考えています。

佐藤：ところで，本判決後，国税庁の内部において適用される事務運営指針「第二次納税義務関係事務提要」の一部改正の動きがあり，その中には，本判決で問題となった国税徴収法38条における特殊関係者の判定時期についての見直しが含まれています。これは本判決の影響があったものと見られるでしょうか。

木村：はい，もちろん正確な背景事情はわかりませんが，改正の時期と内容からしますと，本判決の影響があったものと思われます。その改正の内容は，特殊関係者の判定時期について，事業譲渡の効力発生時を基準とすることを原則としつつ，それとは異なる基準（有機的一体として機能する財産によって営んでいた営業的活動を受け継がせた時）による場合がありうることを示したものとなっています。

　　本件に即してみますと，会社分割の効力発生時に事業譲渡の効力が発生したものであったとしても，実際に営業的活動を受け継がせるための積極財産の移転があったのがその後の資産譲渡時であったことから，特殊関係者の判定時期は後者となるべきことを定めたものであると解されます。そうすると，これはまさに本判決を先例としてみたものと評価で

きるのではないかと考えられます。

⑷　延滞税事件（最判平成26年12月12日集民248号165頁）

ア　事案の概要

　本判決の事案を図式化して言えば，次のようなものである（数字は実際のものとは異なる）。①納税者が税額1,000万円で相続税の申告をし，納税をした。②課税庁が，いや，財産評価が間違っているので，本当は600万円納めればよい，400万円は還付する，とした（減額更正処分）。③その後課税庁が，この前の600万円というのは間違っていた，800万円だった（増額更正処分）。よって，800万円－600万円の，200万円について，本来の納付期限に遡って，延滞税の支払を命じた。

イ　裁判所の判断

　最高裁は，②で税務署が600万円でよいとして，還付までしたのだから，200万円の租税を納税者が払わなかったとしてもやむを得ない，これについて延滞税を払わせたところで，期限までの納税を奨励するとか，他の納税者との公平を図るとかの，延滞税の趣旨は実現されないとして，延滞税は発生しない，との判断を示した。

＜図表：申告・減額更正・増額更正の流れ＞

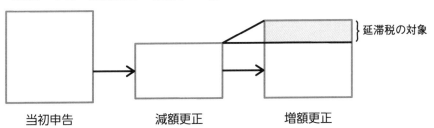

ウ　判決のポイント

　条文そのものを素直に読めば延滞税が発生してもやむを得ないところであったが，実質的な配慮から納税者を救った判例である。（筆者の見るところ，租税事件に限らずリベラルな考え方を有しておられるように見受けられる）千葉勝美裁判官の補足意見は，課税庁側の主張を通せば不正義をもたらすとまで述べている（もっとも他方で，本件の事案限りでこのような判断をしても，税務行政全体には影響を及ぼさないから問題はない，との国側への周到な配慮も示されており，さすがというべきであろう）。

　課税当局の側から見れば，ホステス源泉徴収事件（前記1⑴）やアリコ事件（前記1⑵）のように課税当局の主張に対しては厳格な文理解釈で臨みながら，納税者に対しては趣旨に沿った救済的な解釈をするのはいかがなものか，という受け止め方があるかもしれない。しかし，課税当局は大きな人的・物的資源を有する巨大な行政機関であり，そのような組織と一般の納税者を同一の基準で論ずることは，かえって公平を欠くように思われる。裁判所の課税当局への厳格な態度は，憲法上の原則である租税法律主義の要請によるものであり，当局として真摯に受け止めざるを得ないところではないだろうか。

〜ディスカッション〜

木村：租税法の解釈において租税法律主義が要請する文理解釈の原則は重要ですが，文言どおりに課税すると本来課税すべきでないものが課税されてしまい，結論の妥当性に問題が生じることがあり得ます。そのような課税に対して，司法府としては，権利救済という観点から，条文の文言にかかわらず，結論の妥当性に目を向けた判断をすべきではないかとも思われます。佐藤先生のご著書[5]でも文理解釈の原則の限界について言及されていますが，改めてお考えをお聞かせください。

5　佐藤修二『租税と法の接点―租税実務におけるルール・オブ・ロー』（大蔵財務協会，2020）35頁以下。

佐藤：おっしゃる点はそのとおりで，結論の妥当性こそが法や裁判の命だと考えています。法曹実務家を20年ほどやってみて，アメリカで有名なホームズ判事の「法の生命は，論理ではなく，経験であった」という言葉が身に染みるようになりました。もっとも，文理解釈の原則も大事なので，どのような場合に文理を乗り越えてもよいのかは難しいところですが，結局は，英米法的に，個別事案の判断が積み重ねられるべきなのだろうと思います。

木村：課税当局の立場において，文言どおりに課税することが租税正義に反すると考えられることもあると思われます。ただ，その一方で，課税当局としては，租税法律主義が要請する合法性の原則を遵守する必要もあります。その意味で，租税正義と合法性の原則との間に緊張関係が生じることもありうると思われますが，そのような場合に課税当局としてはどう対応すべきでしょうか。

佐藤：合法性の原則から，課税当局は，法律の規定に基づき課税すべき事案があれば，課税しなければならないのだ，と言われているかと思います。しかし，たとえば，英米法系の国では，租税訴訟についても和解が認められると聞いており，和解が行われれば，課税要件が満たされていても，課税当局が課税を行わない結果をもたらすと考えられます。また，日本の税務調査の実務でも，実際には課税当局と納税者の間で交渉が行われ，課税要件を充足すればすべて課税するような運用はされていないと思われます。あまり放縦に流れるのはよくないものの，課税当局でも柔軟な対応があってもいいと思います。

(5)　日ルクセンブルク租税条約事件（東京高判令和5年2月16日裁判所ウェブサイト）

ア　事案の概要

ルクセンブルク法人である納税者は，関係法人から日本法人2社（本件

各子会社）の株式を取得し，その後，本件各子会社の非適格分割型分割（本件分割）に伴って配当とみなされる分割対価の交付（剰余金の配当）を受け，これに所定の20.42％の税率による所得税等の源泉徴収がなされた。もっとも，所得に対する租税に関する二重課税の回避等のための日本とルクセンブルクとの間の条約（本件租税条約）には，一定の要件を満たした配当に対する限度税率を５％とする旨が定められていたことから，納税者は，５％を超える部分が過大に徴収されたものとして，国に対して還付金等の支払を求めた。

　この点，５％の限度税率が適用されるための要件として，本件租税条約10条（配当所得条項）は，配当受領法人が配当支払法人の株式の①25％以上（保有割合要件）を②６か月の期間を通じて（保有期間要件）保有する必要があることを定めている。本件において，納税者は，本件各子会社らの株式を100％保有する完全親会社であって保有割合要件は問題なく満たすものの，その株式は本件分割の約３か月前に取得されたものであったことから，保有期間要件を満たすか否かが争点となった（次頁図表参照）。

　時系列として，平成26年４月29日に納税者が本件各子会社の全株式を取得し，同年８月１日に本件分割に伴う剰余金の配当がなされ，その取得から配当までの保有期間は６か月未満であった。他方，保有期間要件の具体的な文言は，「利得の分配に係る事業年度の終了の日に先立つ６か月の期間を通じ」（ただし，政府訳文。正文は英文）であり，配当支払法人である本件各子会社の事業年度の終了の日は同年10月30日であったことから，同日を起算日とすれば保有期間は６か月間以上であった。

　そこで，保有期間の起算日となるべき「利得の分配に係る事業年度の終了の日」の文言（本件文言）の解釈が争われた。納税者は，本件文言は「配当支払法人がその配当の原資である所得を計算する会計期間の末日」をいうものと解すべき旨を主張し，これに対して，課税庁は，本件文言は「配当の受領者が特定される時点」をいうものと解すべき旨を主張した。

＜図表：株式取得・会社分割・配当のイメージ＞

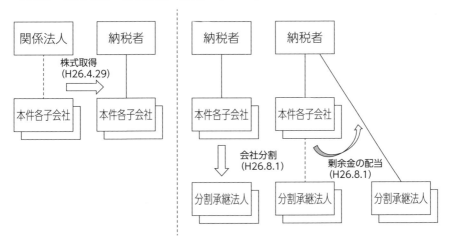

イ　裁判所の判断

　東京高裁は，以下のとおり判示し，納税者の請求を認容した原審を維持した。

　「国際条約に関する基本的原則を定めるウィーン条約は，条約の解釈に関する一般的な規則として，『条約は，文脈によりかつその趣旨及び目的に照らして与えられる用語の通常の意味に従い，誠実に解釈するものとする。』（31条1項）とした上で，ここにいう『文脈』には，〔1〕条約文（前文及び附属書を含む。）のほか，〔2〕条約の締結に関連してすべての当事国の間でされた条約の関係合意，〔3〕条約の締結に関連して当事国の1又は2以上が作成した文書であってこれらの当事国以外の当事国が条約の関係文書として認めたものが含まれるとしている（同条2項）。

　本件租税条約の条約文には，本件文言……に関し，その用語を定義した規定は存在せず，これについて定めた当事国の関係合意ないし関係文書も見当たらないところ，本件租税条約3条2項は，『一方の締約国によるこの条約の適用上，この条約において定義されていない用語は，文脈により別に解釈すべき場合を除くほか，この条約の適用を受ける租税に関する当

該一方の締約国の法令における当該用語の意義を有するものとする。』と定めている。

ところで，本件租税条約の正文は英文であるが，本件租税条約3条2項にいう『当該一方の締約国』である我が国の法令は日本語によって定められている。そこで，上記『当該一方の締約国の法令における当該用語の意義』を検討するに当たっては，本件租税条約の締結に当たり日本政府が作成した訳文であって，国会の承認を得る際に用いられている政府訳文……を参照するのが相当である。

そこで，以下においては，本件文言の解釈を検討するに当たり，まず，〔1〕本件租税条約3条2項に定められた文脈に従って，日本の法令における当該用語の意義について政府訳文を参照しつつ検討し，次いで，〔2〕ウィーン条約31条1項が提示するもう一つの規則である『趣旨及び目的に照らして与えられる用語の通常の意味』についても，正文である英文に基づき検討することとする。」

「まず，本件租税条約に定められている条文解釈規定である本件租税条約3条2項の文脈（ウィーン条約31条1項）により本件文言を解釈することとし，日本の法令における用語の意義に基づいて本件文言を解釈すると，その意義は，『利得の分配に係る会計期間の終了の日』と解することができるところ，このような本件文言の解釈につき，本件租税条約には，これと別段の解釈をすべきものとする文脈はないと認められる。そして，本件文言に関する上記の解釈は，条約解釈の一般的規則であるウィーン条約31条1項により，本件文言を正文によって，文脈によりかつその趣旨及び目的に照らして与えられる用語の通常の意味に従って解釈した場合，その意義が，『利得の分配（配当）が行われる会計期間の終期』と解されることと実質的に一致するところであって，相当であるというべきである。そうすると，本件文言の解釈については，正文に基づき検討した後者の表現に従い，『利得の分配（配当）が行われる会計期間の終期』と解するのが相当である。」

ウ　判決のポイント

　租税条約も条約である以上，国際法上のルールに則って解釈することが重要であるが，日本では租税条約の文言の解釈が正面から争点となった裁判例は少なく，本判決は，その解釈方法を具体的に示した一事例としての意義を有する。

　本判決では，条約法に関するウィーン条約（昭和56年条約16号）31条1項が定める「条約は，文脈によりかつその趣旨及び目的に照らして与えられる用語の通常の意味に従い，誠実に解釈するものとする。」との一般的な規則を示した上で，本件文言の解釈に当たっては，その「文脈」による解釈と「趣旨及び目的に照らして与えられる用語の通常の意味」をそれぞれ検討し，最終的な解釈を確定するという手法を採用した。

　まず，本件文言の「文脈」による解釈について，本判決は，本件租税条約の条約文に用語の定義規定はないものの，定義されていない用語は締約国（すなわち日本）の法令における用語の意義を有するものとする解釈規定があることに着目しつつ，その一方で日本の法令が日本語で定められていることを踏まえて，本件文言について日本の法令における用語の意義を検討するに当たっては，日本語の政府訳文を参照するのが相当である旨を判示した。要するに，租税条約上の解釈規定を「文脈」に取り込み，かつ，本件租税条約のように英文が正文とされる場合に政府訳文を参照して条文の文言を解釈するとされたものである。

　また，本件文言の「趣旨及び目的に照らして与えられる用語の通常の意味」について，本判決は，本件租税条約のほか，OECDモデル条約及びそのコメンタリー並びに本件租税条約以外の日本と各国との間の租税条約を参照し，本件租税条約の目的及び配当所得条項の趣旨，軽減税率が設けられた趣旨並びに保有期間要件が設けられた趣旨を検討した上で，それらの趣旨目的を踏まえて正文である英文における用語の通常の意味を検討するという手法によった。ここで注目されるのは，租税条約における条文の趣旨について検討する際に，モデル条約コメンタリーが参照されていること

である。この点，グラクソ事件の最高裁判決（最判平成21年10月29日民集63巻8号1881頁）でも，モデル条約コメンタリーは，ウィーン条約32条の「解釈の補足的な手段」として租税条約の解釈に際して参照されるべき資料ということができる旨が示されており，本判決はこれを踏襲したものといえる。

　以上を踏まえて，本判決では，本件文言について，政府訳文を参照して検討した日本の法令における用語の意義（「文脈」による解釈）と趣旨及び目的に照らして検討した正文である英文における用語の通常の意味が実質的に同義であることを確認した上で，正文である後者をもって本件文言の最終的な解釈を確定した。このように複数の観点から文言の解釈について検討した上で，それらが実質的に一致することを確認して最終的な解釈を確定するという手法は，単一の観点からの文言の解釈よりも確度の高い解釈手法として正当と思われる。

<h2 style="text-align:center">〜ディスカッション〜</h2>

佐藤：本件は，日本の租税法規ではなく租税条約の解釈が論点となった興味深い事例です。日本の租税法規については，文理解釈が原則という考え方が判例上定着してきていますが，租税条約の解釈については，条約法に関するウィーン条約に照らすと，必ずしも文理一辺倒で行くべきものではないようにも思えます。租税条約の解釈のあるべき姿について，『租税条約入門』[6]のご著書もあるお立場から，簡単に説明をお願いできればと思います。

木村：まず，租税条約は異なる言語や法体系を有する国家間の合意ですので，国内税法と異なって条文の文言が必ずしも精確ではないという性質があります。また，租税条約は課税根拠規定ではなく，課税減免規定ですので，必ずしも厳格な文理解釈が要請されるものではないともいえま

6　木村浩之『租税条約入門─条文の読み方から適用まで』（中央経済社，2017）。

す。このようなことから，租税条約の解釈に当たっては，国内税法の解釈に比べると，条文の趣旨の重要性が高くなるものと考えられます。それでも，文言を離れた解釈は許されないというべきであり，あくまでも文言を離れない解釈が複数ありうる場合に，条文の趣旨により適合する解釈を選択するという限度にとどまるべきと考えています。

佐藤：木村先生が留学して学ばれたヨーロッパの租税法の世界では，租税条約の解釈が争われる事例は少なくないのでしょうか。実情をお聞かせください。

木村：ヨーロッパでは日本よりも国境を越えた経済活動が容易で活発なこともあり，租税条約の解釈が争われる事例は非常に多いです。フランスにはモデル条約を策定しているOECDがあり，また，オランダやドイツには租税条約の研究機関があります。そういったことから，伝統的に租税条約の解釈はヨーロッパがリードしてきたといえます。そこで，日本が締結した租税条約を解釈するに当たっても，ヨーロッパを含む諸外国の研究機関における先行研究や裁判例を参照することが有用ではないかと思います。なお，租税条約の解釈が争われた諸外国の裁判例を紹介された，今村隆先生の書籍[7]をここで紹介しておきます。

佐藤：私は，昔，アジア国際法学会日本協会というところで少し活動をしていたこともあり，「国際租税法」だけでなく，広い意味での「国際法」にも，素人ながら関心を持っています。しかし，日本の租税条約の専門家は，必ずしも国際法一般には興味がないようにも思えます。木村先生は，国際法一般と国際租税法との関係についてどのようにお考えか，ヨーロッパでのご経験も踏まえて，お聞かせください。

木村：国際的経済活動に対する課税を規律する国際租税法の分野では，二国間租税条約をはじめとして条約の解釈が問題となることが多いといえますが，国家間の合意である条約の解釈に当たっては，当然，これに適

7　今村隆『課税権配分ルールのメカニズム』（中央経済社，2020）。

用される国際法一般の理解が重要であると考えています。ヨーロッパでは，EU指令が国内法よりも優先するといった事情もあり，国際法一般と国際租税法との関係についての研究が進んでいますが，日本では租税条約の解釈が争われること自体が稀であり，それほど問題とされてこなかったと思われます。

　ただ，最近では，BEPSプロジェクトによって国家間の協調がますます重要になっていることに加えて，ロシアが日本を含む各国との租税条約の適用を停止するといった事象が生じるなど，日本でも国際法一般と国際租税法の関係について研究することはより重要になってくると思われます。

2 ｜ 私法の尊重

　課税は，法的安定性及び予測可能性の観点から，私法（民法や商法）を前提として行われるべきである，という考え方が裁判所では定着している。このことを，いわゆる借用概念が問題となった著名最高裁判決である武富士事件を皮切りに，順次，見ていきたい。

⑴　武富士事件（最判平成23年2月18日集民236号71頁）

ア　事案の概要

　本件は，親（贈与者）から子（受贈者）に対してなされた国外財産の贈与が，相続税法上の非居住者に対する贈与として贈与税の課税対象外となるかが争われた事案である。事実関係として，受贈者は，平成11年当時，日本と香港の双方に居宅を有しており，これらを行ったり来たりする生活を送っていたものであるが，同年12月，贈与者からその保有するオランダ法人の出資口（国外財産）の贈与を受けた。当該贈与については，その当時の相続税法上，受贈者の住所が日本国内にある（居住者である）と認め

られた場合は贈与税の課税対象となるのに対して，その住所が日本国外にある（非居住者である）と認められた場合は贈与税の課税対象外になるものとされていた。

この点，受贈者においては，日本に住所があると見られないように，専門家の指導の下で日本での滞在日数を管理するなど，計画的にあえて非居住者となることで贈与税の課税を回避しようとする意図が窺われた。そのようなことから，課税庁は，受贈者の住所が日本にあると認定して課税処分を行った。これに対して，受贈者は，香港に住所があるとして課税処分を争った。

このように，本件では，受贈者が日本と香港のいずれに住所を有するかが争われたものであるが，なかでも相続税法上の「住所」の認定に当たって，租税回避の意図といった主観的要素を斟酌することができるかという点が問題となった。

イ　裁判所の判断

最高裁は，相続税法上の「住所」の意義について，「生活の本拠，すなわち，その者の生活に最も関係の深い一般的生活，全生活の中心を指すものであり，一定の場所がある者の住所であるか否かは，<u>客観的に生活の本拠たる実体を具備しているか否かにより決すべきものと解するのが相当である。</u>」（下線は筆者）と判示した上で，本件における具体的な当てはめとして，香港の居宅が生活の本拠たる実体を有していたものとして，香港に住所があることを認めた。

さらに，最高裁は，本件で贈与税回避の意図が窺われることについては，以下のとおり判示した。

「一定の場所が住所に当たるか否かは，客観的に生活の本拠たる実体を具備しているか否かによって決すべきものであり，主観的に贈与税回避の目的があったとしても，客観的な生活の実体が消滅するものではないから……香港居宅に生活の本拠たる実体があることを否定する理由とすること

はできない。このことは，法が民法上の概念である『住所』を用いて課税要件を定めているため，本件の争点が上記『住所』概念の解釈適用の問題となることから導かれる帰結であるといわざるを得ず，他方，贈与税回避を可能にする状況を整えるためにあえて国外に長期の滞在をするという行為が課税実務上想定されていなかった事態であり，このような方法による贈与税回避を容認することが適当でないというのであれば，法の解釈では限界があるので，そのような事態に対応できるような立法によって対処すべきものである。」

ウ　判決のポイント

　租税法で用いられている概念のうち，他の法分野（特に民商法等の私法分野）で用いられている概念を「借用概念」というが，本判決は，相続税法上の「住所」が民法上の「住所」の借用概念であることを踏まえて，主観的な贈与税回避の目的といった租税法独自の観点から私法上の意義と異なる解釈をすることを否定したものである。この点，租税法律主義（憲法84条）の下では，法的安定性の要請から，課税要件における借用概念は基本的に本来の法分野におけるのと同じ意義に解釈すべきである。すなわち，たとえ課税要件の充足を回避する目的が認められたとしても，これを否認するための特別の規定（課税要件を充足したものとみなす規定）がなければ課税することはできず，本来の法分野におけるのと異なる意義に解することで課税要件を拡張的に解釈することは許されない。したがって，あくまでも私法に沿って客観的な生活実体を重視した最高裁の判断は正当であると思われる。

　なお，本件は相続税法上の「住所」が問題となったものであるが，個人がどこに住所を有するかによって課税関係が異なりうるのは所得税の場合も同様である。この点，所得税法上の「住所」についても，基本的には本判決と同じく，客観的に生活の本拠たる実体を具備しているか否かという基準で判断されるべきものと解される。実際の裁判例においても，本判決

と同様の判断基準を示すものが多い（東京高判令和元年11月27日税資269号順号13345など）。

　ところで，住所の認定に当たって客観的な生活実体を重視するとしても，現実には，複数の国に相当程度の客観的な生活実体があると認められる場合がありうる。そのような場合にどのように生活の本拠を判定するかは問題であるが，本判決で示された判断要素，すなわち，①滞在日数，②住居，③職業，④生計を一にする配偶者その他の親族の居所，⑤資産の所在等を踏まえて，いずれが主であるかを総合的に判断せざるを得ない。海外に居住しているものの，頻繁に日本に帰国する場合，課税当局から居住者に当たるのではないかと指摘されるケースは多いといえることから,納税者としては，非居住者と認められるためには，以上の判断要素を踏まえて，各要素について客観的に有意な差があるように確保することが重要と思われる。

～ディスカッション～

安田：借用概念について本来の法分野におけるのと異なる意義に解することで課税要件を拡張的に解釈することは許されないという点に関連して，租税回避であることを踏まえて，課税を減免するための規定を限定的に解釈することは許されるのでしょうか。

木村：租税回避には2種類のタイプがあると考えています。一つは課税根拠規定を意図的に回避して，そもそも課税要件の充足を免れるような租税回避であり，これを否認して課税するためには明文の否認規定が必要と思われます。もう一つは，いったんは課税要件を充足した上で，その課税を減免する規定の適用を受けるために恣意的に法律関係を構築するような租税回避であり，これは課税要件の充足は認められることから，一般的な法理である権利濫用を理由として課税減免規定の適用を否認して課税したとしても租税法律主義に反するとまではいえないのではないかと考えています。

　実際に，外国税額控除余裕枠事件（最判平成17年12月19日民集59巻10号

2964頁）において，最高裁は，制度をその本来の趣旨目的から著しく逸脱する態様で利用する場合には，明文の否認規定がなくして適用を否認することを認めています。

安田：本判決後も，否認規定の有無にかかわらず，租税訴訟等において，課税当局から，納税者に租税回避目的（税負担の減少目的）があったとの主張がなされるケースは少なくないという認識です。私は，そのような場合，納税者の立場として，可能な限り，税負担の減少以外に事業目的や経済合理性があったと主張することが，本判決を踏まえてもなお重要であると考えていますが，この点はどのようにお考えでしょうか。

木村：否認規定がある場合はもちろん，否認規定がない場合であっても，裁判官の心証形成に事実上影響する可能性はあると思われますので，租税回避目的ではない別の正当な目的があることを積極的に主張することは重要であると考えています。また，課税当局が納税者による法律行為を否認するため，効果意思がないのに租税回避を目的として法律関係を仮装したと主張することもあり得ます。そのような主張に対抗するためにも，租税回避以外の目的があることは重要といえます。

　　そして，そのような目的を立証するためには書証が重要となりますが，これは訴訟になってからでは収集が難しい可能性がありますので，納税者としては，特別な取引を行う際に，その目的を整理して文書に残しておくことが重要といえるでしょう。

安田：逆に，課税当局にとっても，租税回避目的があったということを立証することは容易ではないということはありますか。元国税庁職員という貴重なご経歴をお持ちの木村先生のお考えをぜひお聞かせください。

木村：それはご指摘のとおりと思います。ただ，税務調査の段階で課税当局がいったん租税回避であるとの印象を持ってしまうと，課税当局がマンパワーや調査権限を駆使して膨大な資料を収集して，その中から有利な証拠を選んで課税処分をするということもあり得ます。そのようなことからも，納税者としては，租税回避目的ではない別の正当な目的があ

ることを税務調査でも説明できるように，取引を行う時点できちんと準備しておくことが重要であると考えています。

(2)　岡本倶楽部事件（東京地判平成26年2月18日税資264号順号12411）

ア　事案の概要

本件は，会員制リゾートクラブである「岡本倶楽部」を主宰していた破産会社が，岡本倶楽部に入会した会員から入会時に収受した金員の一部（同金員のうち，預託金として返還することとされている部分を除いた残りの部分。本件金員）は，課税資産の譲渡等の対価に該当するなどという理由により，課税庁から，消費税等に係る更正処分及び過少申告加算税の賦課決定処分を受けたことに対し，破産会社の破産管財人である原告が，本件金員の収受はいわゆる不課税取引であるから，これらの各処分は違法であると主張して，その取消しを求めた事案である。

争点は，本件金員は何に対する対価であるか（本件金員の収受は，消費税法2条1項8号所定の「資産の譲渡等」に当たるか）であった。本判決も「付言」において述べているが，会員制組織に入会する際に支払われる「入会金」は，特段の事情がない限り，当該組織の会員資格に伴う種々の利益の供与を受けることを目的として支払われるものであるから，入会金の収受は，消費税法4条1項の定める「資産の譲渡等」に該当するものと，課税実務においては解されている（消費税法基本通達5－5－5）。そこで，本件金員が，「入会金」であるかが問題となった。

イ　裁判所の判断

東京地裁は，まず，「課税の対象である経済活動ないし経済現象は，第一次的には私法によって規律されているところ，<u>課税は，租税法律主義の目的である法的安定性を確保するという観点から，原則として私法上の法</u>

律関係に即して行われるべきである。そして，本件金員は，岡本倶楽部の
会員になろうとする者が，本件入会契約に基づき，本件破産会社に対して
支払うものであるから，本件金員が何に対する対価であるかについては，
本件各会員及び本件破産会社の両者を規律している本件入会契約の解釈に
よって定まるというべきである。さらに，本件破産会社及び本件各会員が，
本件入会契約について，本件契約書を作成していることに鑑みれば，<u>本件
入会契約の解釈は，原則として，本件契約書の解釈を通じて行われるべき
ものであるが，その際，本件入会契約の前提とされていた了解事項（共通
認識）や本件破産会社による勧誘時の説明内容といった，本件入会契約の
締結に至る経緯等の事情をも総合的に考慮して判断する必要があるという
べきである。</u>」（下線は筆者）との判断基準を示した。

　その上で，本件金員は，会員資格に伴う種々の利益の対価としての「入
会金」ではなく，会社が発行していた1ポイント当たり1円の価値を持つ
宿泊ポイントの対価であると認定し，これは消費税法別表第1第4号ハの
「物品切手等」の対価であり，消費税の課税されない取引であると判断し
た。物品切手等とは，「物品切手（商品券その他名称のいかんを問わず，物品
の給付請求権を表彰する証書をいい，郵便切手類に該当するものを除く。）その
他これに類するものとして政令で定めるもの」をいう（消費税法別表第1
第4号ハ）。大雑把に言えば，商品券をイメージすればよいものと思われる。

ウ　判決のポイント

　本判決は，課税は，私法上の法律関係を基礎としてなされることを，
はっきりと示した点に意義があると考えられる。

　この点，（特にかつての）課税当局は，当事者間で結ばれた「契約」をは
じめとする私法上の法律関係を重視せず，独自の観点から捉えた「ものご
との実態」に基づいて課税を行う傾向が強かった。それが完全に過去のも
のとなっていないことは，本判決の事案における課税処分が私法上の契約
を重視しなかったことからも窺われる。

　しかし，民間の経済取引は，民商法等の私法に基づいて，自由に契約を締結することによって行われている。それなのに，課税については，当事者間で結ばれた契約関係とは別に課税当局が独自に認定した「ものごとの実態」に基づいて行われるのでは，当事者は，取引を行うことによってどのような課税が行われるのかの予測が困難となり，円滑な経済取引の実現を害するであろう。

　こうした観点から，課税処分は，私法上の法律関係（契約がその代表である）を基礎として行われなければならないのである。

　なお，実務では，契約の内容が契約書等の書面によって完全に明確になっていない場合もあり，本判決の事案もそのようなものであった。本判決は，そのような場合に契約の内容を確定する考え方として，当事者の各種やり取り等を総合的に考慮する，という枠組みを示している。このことは，租税訴訟に限らず，民事裁判実務の基本であると考えられるが，そうした考え方の枠組みを判決に明示したところが興味深い。

～ディスカッション～

向笠：佐藤先生がご指摘のとおり，課税当局は，結論として，本件で私法上の契約を重視せずに課税処分を行ったということになるかと存じます。

　　ただ，本判決の「被告の主張」部分を読むと，課税当局側も，「課税は，原則として私法上の法律関係に即して行われるべき」と主張しています。国税不服審判所で任期付審判官として勤務していた際も，原処分庁は，私法上の契約関係についてある程度意識しているように見受けられましたので，その意味では，課税当局においても，課税処分に際して私法上の契約関係を基礎とする，という考え自体は浸透している，あるいは，しつつあるように思われますが，いかがでしょうか。

佐藤：ご指摘の「被告の主張」の部分に私は気づいていなかったので，興味深いご指摘です。確かにおっしゃるとおり，私が国税不服審判所で勤務していたころに課税当局出身の方と話した印象からしても，一般論と

して，課税の前提として私法上の契約を尊重する，という考え方は，課税当局にも浸透しているようです。ただ，本判決の事案のように，契約書のほかに周辺の諸事情を認定して判断する，というところまでは，なかなか難しかったのかもしれません。今後にさらに期待したいと思います。

向笠：本件において課税当局は，契約内容は契約書を中心に判断する，という考えであったようです。これに対して，佐藤先生がおっしゃるとおり，総合考慮は民事裁判実務の基本であると考えられるところ，本判決がこのことを明示したのは，課税当局に対し，判断材料は契約書だけではない，もっと言えば，課税当局による事実認定の手法には改善の余地がある，ということを伝える意味があったように感じています。このようなことからすれば，課税当局内での教育体制の整備が重要であるといえるように思います。

　そこで伺いたいのですが，佐藤先生におかれましては，税務大学校で講師のご経験もおありですので，課税当局における事実認定の教育状況について何かご存じでしたら，ご教示願えますでしょうか。

佐藤：私は，「本科」という選抜コースで，組織再編の講義を何回か担当させていただきました。それ以外の科目等について詳しくは知らないのですが，確か，裁判における事実認定についても，教えているコースはあると聞いたことがあります。私自身は，「組織再編」の授業の最後に，せっかく弁護士が来たのだから，ということで，岡本倶楽部事件や，前記1で取り上げてきたような文理解釈に関わる事件を紹介していました。法解釈の原則の部分で課税当局が敗訴した事案を知ることは，今後，課税当局を担っていく若い方々にとって大事だと考えたからです。

　私としては，税務大学校が（訴訟においては対峙することにもなる）私のような外部の弁護士を講師に招聘していたことにも敬服しており，今後も，向笠先生のように審判所勤務を経た弁護士などが税務大学校で教える機会があればいいなと思います。

向笠：本件破産会社が主宰していた「岡本倶楽部」では，組織的詐欺が行

われ，多くの会員がその被害者であり，かつ，破産債権者という状況でした。そのため，裁判所としては，少しでも破産配当を増やして被害者を救済する（事案としての公正妥当な解決を図る），という価値判断も働かせたのではないかと思います。

　そうだとした場合，本件は，結果的に，公正妥当な解決と私法上の契約関係を重視した結論が一致したといえるかと存じますが，場合によっては，公正妥当な解決の内容と私法上の契約関係を重視した結論がぶつかるようなケースもあると思います。そのような場合には，どのように考えるのがよいのでしょうか，あるいは，裁判所はどのような判断をするでしょうか。

佐藤：面白いご指摘ですね。延滞税事件（前記1⑷）のところでも述べたのですが，私は，20年弁護士をやってみて，裁判の命は，結論の妥当性であろうと考えています。裁判官の回想録のようなものを読むと，裁判官も，結論の妥当性ということを常に第一に考えているように思っています。もっとも，最高裁の場合，判例として残って今後の下級審判断や課税実務を拘束しますから，結論の妥当性に気を配りつつも，たとえば武富士事件（前記2⑴）のように，最後は，結論はおかしいものの，形式的な法解釈を通さざるを得ない，ということもあるのだと思います。

　結論の妥当性と法解釈の形式性のバランスは，実際の事案では難しいこともあり，逆に言えばそうした事案でこそ，裁判官の判断のみならず，それを支える訴訟代理人弁護士の活動も含め，法律家の神髄が問われるのかもしれません。

⑶　PiTaPaポイント事件（大阪高判令和3年9月29日税資271号順号13609）

ア　事案の概要

本件は，異なるポイントプログラム間のポイント交換の際に各ポイント

の発行企業間で授受された金員が，消費税法2条1項8号の「対価」に該
当するか否かが争われた事案である。

　X（原告・控訴人）は，交通系ICカード「PiTaPa」を発行する法人であ
り，その利用契約を締結した会員に対し，「PiTaPa」を利用した旅客運賃
等の決済や，その決済時の企業ポイント（本件ポイント）の付与に関する
サービスを提供していた。その会員が「PiTaPa」を決済手段として利用
する方法として，その利用に係る決済金額が後日会員の口座から引き落と
される後払決済の方法（ポストペイ）があり，会員は，その後払決済時に，
本件ポイントの累積ポイント数に応じて一定額の控除（本件ポイント還元）
を受けることとなっていた。

　また，Xは，その提携する法人との間で，当該会員が提携法人の企業ポ
イントプログラム会員でもある場合（当該会員を「双方会員」という。）に
は，本件ポイントと提携法人が付与する企業ポイントとを交換することを
主な内容とする提携契約（本件各提携契約）を締結していた。提携法人が
付与する企業ポイントが本件ポイントに交換された場合には，交換により
付与される本件ポイントの数に応じ，提携法人からXに対して一定の金員
（本件金員）が支払われることになる。

　消費税は，事業として「対価」を得て行われる資産の譲渡等に課される
（消費税法2条1項8号，同法4条1項）ところ，Xは，本件金員は，本件
ポイント還元のための実費であり，「対価」に該当しないと主張したのに
対し，課税庁は，本件金員は，本件ポイントの交換に係る役務を提供する
ことを条件として収受するものであるから「対価」に該当すると主張した。
第一審は，課税庁と同様の理由で「対価」該当性を肯定し，Xの請求を棄
却したことから，Xが控訴した。

イ　裁判所の判断

　大阪高裁は，消費税法2条1項8号にいう「対価を得て」の意義につい
て，「資産の譲渡若しくは貸付け又は役務の提供に対して反対給付を受け

＜図表：PiTaPaポイントをめぐる関係図＞

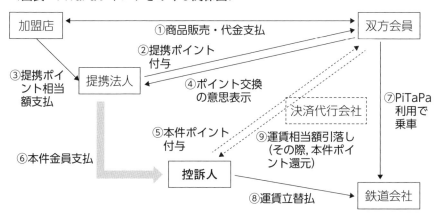

ることをいい，無償による資産の譲渡及び貸付け並びに役務の提供は資産の譲渡等に該当しないと解するのが相当」であり，課税庁の主張するような条件関係が存するとしても，反対給付としての性質を有さず，無償取引に該当する場合には，「対価」には該当しないとの解釈を示した。

　その上で，①企業ポイントはこれを発行する企業によって無償で利用者に付与され，当該企業の経済的負担によりその利用者に対して財・サービスの提供が行われるものであり，提携法人の提携ポイント，控訴人の本件ポイントもこれと異なるところはないから，提携ポイントを付与した目的からすれば，提携ポイントの利用に代わる本件ポイント還元に係る経済的負担は提携法人が負わなければならないはずであること，②本件金員の額は，本件ポイント還元額に等しくなるように定められていることを理由に，「控訴人は，本件各提携契約に基づき，提携法人に対し，本件ポイントへの交換の意思表示をするなどした双方会員に対して控訴人の企業ポイントプログラムの対象に組み込むことを目的として本件ポイントを付与するという役務を無償で提供し，提携法人は控訴人の企業ポイントプログラムによる本件ポイント還元に係る原資の提供として本件金員を控訴人に支払うものであって，本件金員が控訴人が本件各提携契約に基づき提携法人に対

して行う上記役務の提供の反対給付としての性質を有するとみるのは困難というべきである」として，本件金員の「対価」該当性を否定した。

ウ　判決のポイント

　消費税法上の「対価」の意義について，弁護士会の各種収入が「対価」に該当するか否かに関し，「事業者が収受する経済的利益」と「事業者が行った当該個別具体的な役務提供との間に，少なくとも対応関係がある，すなわち，当該具体的な役務提供があることを条件として，当該経済的利益が収受されるといい得ることを必要とする」と判示した京都弁護士会事件（大阪高判平成24年3月16日税資262号順号11909）がある。同判決を受け，その後の課税実務，訴訟等においては，しばしば「対価」該当性の判断基準として条件関係（因果関係）が用いられ，主張されてきた。本件においても，課税庁や第一審判決は，このような条件関係に基づき，本件金員は，提携法人に対して役務を提供することを条件として収受するものであるから「対価」に該当すると主張・判断した。

　しかしながら，私法においては，「対価」とは，有償契約においてある給付に対する反対給付としての性質を有するものをいい，いずれの給付が反対給付としての性質を有するものかは，（条件関係ではなく）契約・合意によって定まるというのが通常の理解であろう。消費税法の規定及びその趣旨に照らしても，消費税法上の「対価」の意義についてこれと別意に解する理由はないように思われる。裁判例にも，岡本倶楽部事件（前記2(2)）のように，消費税法上の「対価」該当性を契約・合意の解釈により判断したものが少なくない。また，金銭の消費税法上の「対価」該当性を判断する場面では，多くの裁判例がその支払額の算定根拠を考慮しているところ，金銭を「対価」―ある給付に対する反対給付―として合意する場合，その額は，当該給付を金銭的に評価してなされるのが通常であるから，契約解釈として何が「対価」として合意されたのかを判断するに当たっても，支払額の算定根拠は重視されるべき要素であるといえる。

　本判決は，収受する経済的利益と役務の提供等との間に条件関係が存するとしても，当該経済的利益が役務の提供等の反対給付としての性質を有しない場合は消費税法上の「対価」に該当しないと判示しており，「対価」該当性を条件関係により判断することを明確に否定した点に意義がある。その上で，「対価」すなわち反対給付としての性質をどのように判断するのかについて，一般論としては岡本倶楽部事件のように契約解釈によるべき旨を述べていないものの，本件金員が「対価」に該当しないと判断するに当たって，企業ポイントに係る経済的負担は発行企業が負担するという経験則や，本件金員の額が本件ポイント還元額と等しくなるように定められているという支払額の算定根拠を考慮している。かかる判断は，契約解釈による「対価」該当性の判断と重なるものであり，より私法上の法律関係に即した判断がなされたものと評しうる。

～ディスカッション～

佐藤：消費税法上の対価性の判断の先例としては，京都弁護士会の事件があることに言及されています。事案や裁判所の判断の内容を，簡単にご説明いただけますでしょうか。

安田：京都弁護士会の事件では，法律相談センターで法律相談を担当した弁護士がその事件を受任した場合に弁護士会に支払う「受任事件負担金」，司法修習生の実務指導に要する経費として司法研修所長が弁護士会に支払う「司法修習生研修委託費」など，弁護士会の各種収入の対価性が争われました。国は，いずれの収入も弁護士会による役務の提供がなければ支払われなかったという条件関係があるから，消費税法上の「対価」に該当すると主張しました。これに対し，弁護士会は，受任事件負担金については，法律相談に関する弁護士会の役務の提供との間に具体的かつ直接的な対応関係がないと主張し，司法修習生研修委託費については，一方的に定められた額を給付されただけで合意により支払われたものでないなどと主張して，消費税法上の「対価」に該当しないと

争いました。

　裁判所（前掲大阪高判平成24年3月16日）は，消費税法上の「対価」の意義に関する一般論として，「事業者が収受する経済的利益が，……対価に該当するためには，事業者が行った当該個別具体的な役務提供との間に，少なくとも対応関係がある，すなわち，当該具体的な役務提供があることを条件として，当該経済的利益が収受されるといい得ることを必要とするものの，それ以上の要件は法には要求されていない」と述べた上で，各収入の対価性を肯定し，弁護士会側を敗訴させました。

佐藤：私は，京都弁護士会事件の判決を読んだときに，ピンと来なかった記憶があります。特に，対価性を判断する基準として，なぜ，条件関係という考え方が出てくるのかが，よく分かりませんでした。安田先生のお考えもお聞かせください。

安田：鋭いご指摘だと思います。「条件として」という判示になった背景には，京都弁護士会事件では，受任事件負担金は法律相談センターの「規程」に基づいて支払われるもの，司法修習生研修委託費は一方的な予算の「示達」に基づいて支払われるものであり，いずれも，個別の契約に基づいて支払われるものではなかったという事案の特殊性があると考えています。私法の世界では，何が「対価」であるかは契約解釈によって判断されるところ，本件で問題となった各収入は個別の契約に基づき支払われるものではなく，通常の契約解釈によって対価性を判断しにくいことから，裁判所は，対価性を「当該具体的な役務提供があることを条件として，当該経済的利益が収受される」と表現したのだと考えられます。

　ただ，私は，この判示について，そもそも対価性の判断基準として条件関係を採用したものと捉えてよいか，疑問があると考えています。というのも，国が条件関係により対価性を判断すべきと主張したのに対し，裁判所は，あえて「対応関係」が必要だと言い換えており，しかも，ここでいう「対応関係」とは，弁護士会が主張した「具体的かつ直接的な

対応関係」と同様であるとも述べているからです。当てはめを見ても，裁判所は，受任事件負担金について，法律相談センターの規程の解釈として，「受任によって得た利益を一定程度拠出することを求める趣旨のものである」，「そのように原告に対して利益を拠出する理由については，……原告の事務処理によって，受任の機会を得たことにより，それがその後の受任に基づく利益につながるからこそである」と述べ，司法修習生研修委託費についても，「弁護実務修習の指導に要する経費に充てることをその使途とする」と述べるなど，当該金銭が役務の提供の費用や利益と見合うかどうかを考慮しており，単に条件関係によって対価性を判断したわけではないと見ることも可能です。

佐藤：消費税に関する納税者勝訴事例としては，私は，岡本倶楽部事件と本件くらいしか思い当たらないのですが，今後，消費税の分野でも，訴訟，ひいては納税者勝訴事例は増えてくるでしょうか。消費税は，課税当局の中でもマイナー視されてきた印象があり，その分，課税当局の議論に，所得税や法人税と比べると，法曹から見て違和感の残る余地があるのかなとも想像しています。お考えをお聞かせください。

安田：消費税に関して訴訟における納税者勝訴事例が少ないというのは私も同じ認識です。他方，審査請求では，消費税に関する取消事例が毎年複数件出ています。たとえば，平成25年7月から令和5年6月までの直近10年に限っても，消費税の更正処分等の全部又は一部が取り消された事例が35件あります。主な取消理由を見ると，岡本倶楽部事件や本件と同様に対価性が否定された事例のほか，課税資産の譲渡等や課税仕入れの有無，時期又は当事者に関する課税当局の認定に誤りがあると判断された事例などがあります。

　そもそも消費税においては，取引が（事業として）「対価を得て行われる資産の譲渡及び貸付け並びに役務の提供」（消費税法2条1項8号）に当たることが課税及び仕入税額控除の要件ですので，対価性や資産の譲渡等の有無，時期又は当事者などが争点となりやすいといえます。そし

て，これらの点に関する判断は，基本的には法律関係の認定や契約解釈の問題であり，その性質上，通達や質疑応答事例で定まった取扱いを示すことが難しく，個別具体的な事実関係や証拠に即して法曹の視点で見た場合，おっしゃるように違和感のある判断が生じやすいのだと考えています。法律関係の認定や契約解釈の誤りは審査請求でも比較的是正されやすいので，消費税に関する納税者勝訴事例が少ない原因として，訴訟になる前に審査請求の段階で誤った課税が是正される場合が多いということもあるのかもしれません。

　近年の消費税還付に対する税務調査の強化を受けて，すでに審査請求では事件数も取消事例の数も増えてきている印象ですが，訴訟においても，本件のように私法上の法律関係に即した判断事例が蓄積されていけば，事件数も納税者勝訴事例も増えていくと考えています。

⑷　**株式・貸付金遺贈事件**（東京地判令和3年5月21日税資271号順号13567）

ア　事案の概要

　本件は，遺贈者が株式会社に対し，同社の株式及び当該遺贈者の当該会社に対する貸付金債権を遺贈した場合において，当該株式の「その時における価額」（所得税法59条1項1号柱書）の算定に際して当該貸付金を負債として計上すべきかが争われた事件である。

　Aは，非上場会社である株式会社C（C社）の株式（本件株式）及びC社に対する貸付金（本件貸付金）を有していたところ，遺言公正証書により，これらをC社に遺贈する旨遺言していた。Aは，平成25年5月16日に死亡し，これにより上記遺贈の効力が生じ，本件株式及び本件貸付金はC社に移転した（本件遺贈）。Aの妻であったBは，平成25年9月12日にAの平成25年分の所得税及び復興特別所得税（所得税等）につき準確定申告をしたが，その際，本件株式の1株当たりの純資産価額算定に当たり，本

件貸付金をＣ社の負債として計上せず，同価額を3,534円と算定した。

その後，Ｂは，平成27年2月6日にＡの平成25年分所得税等について更正の請求を行い，本件株式の1株当たりの純資産価額算定に当たり，本件貸付金をＣ社の負債として計上し，同価額を1,326円と算定した。ところが，課税庁は，平成29年6月30日，本件株式の1株当たりの純資産価額算定に当たり，本件貸付金をＣ社の負債として計上せず，同価額を2,192円と算定し，Ａの平成25年分所得税等について更正処分（本件更正処分）をした。Ｂが本件更正処分後に死亡したため，Ｂの妹で相続人のＸが，本件更正処分のうち株式等に係る譲渡所得等の金額に不服があるとして訴訟提起した。

ＡのＣ社に対する遺贈は，法人に対する遺贈であることから，所得税法59条1項1号柱書により，「その時における価額」に相当する金額による譲渡があったとみなされて課税される。そして，所得税基本通達及び財産評価基本通達に従えば，本件株式の1株当たりの価額は，純資産価額方式（簡単に言えば，課税時期における各資産及び各負債を評価し，株式の価額を求める方式をいう）によるとされているところ，国は，本件遺贈の直前の段階においても，本件貸付金がＣ社に移転し，混同（民法520条）により消滅することが確実な状況であったなどとして，本件貸付金をＣ社の負債として計上すべきではない旨主張していた。

なお，本件では，出訴期間を徒過したことについての「正当な理由」（行政事件訴訟法14条1項ただし書）の有無も争われているが，この点についての検討は省略する。

＜図表：本件貸付金のＣ社負債計上の有無とＣ社の株価の関係＞

	ＡのＣ社に対する貸付金をＣ社の負債として計上したか	Ｃ社の1株当たりの株価
準確定申告	計上せず	3,534円
更正の請求	計上	1,326円
更正処分	計上せず	2,192円

イ　裁判所の判断

　東京地裁は，まず，①所得税法59条1項1号柱書の「その時における価額」とは，みなし譲渡の時のおける客観的交換価値をいうものと解されること，②課税実務上，取引相場のない株式の「その時における価額」については，所得税基本通達及び財産評価基本通達に基づく評価方法が採用されているところ，これは，取引相場のない株式の譲渡時における客観的交換価値を算定する方法として一般的な合理性を有するといえること，③本件では，財産評価基本通達185の定めに従って本件株式の1株当たりの純資産価額を算定するに当たり，本件貸付金をC社の負債として計上するかが争点であること，と判示する。

　その上で，譲渡所得に対する課税の趣旨について，清算課税説に立つことを明らかにし，「譲渡所得に対する課税の上記趣旨に照らせば，本件のような株式保有特定会社の株式の譲渡に係る譲渡所得に対する課税においては，譲渡人が当該株式を保有していた当時における株式保有特定会社の各資産及び各負債の価額に応じた評価方法を用いるべきものと解され，そうすると，株式保有特定会社の1株当たりの純資産価額（相続税評価額によって計算した金額）の計算は，当該譲渡の直前におけるその各資産及び各負債の価額に基づき行うべきであると解するのが相当である。」と判示した。

　そして，本件遺贈の直前にはAによる遺言の一部が撤回されるとは考えられず，本件貸付金がC社に移転することが確実な状況にあったといえる，という国の主張については，最判昭和31年10月4日民集10巻10号1229頁及び最判平成11年6月11日集民193号369頁を引用し，「遺言は遺言者の死亡により初めてその効力が生ずるものであり（民法985条1項），遺言者はいつでも既にした遺言を取り消すことができ（同法1022条），遺言者の死亡以前に受遺者が死亡したときには遺贈の効力は生じない（同法994条1項）のであるから」，受遺者とされた者は「単に将来遺言が効力を生じたときは遺贈の目的物である権利を取得することができる事実上の期待を有する

地位にあるにすぎ」ず，「遺言が作成されてからその効力が発生するまでの間において，遺贈の目的である権利が受遺者とされた者に移転することが確実であるとは通常は考え難い」として排斥している。

以上の結果，本判決は，本件株式の「その時における価額」をその1株当たりの純資産価額により算定するに際し，本件貸付金をC社の負債として計上すべき，とした。

ウ　判決のポイント

本判決が引用している前掲最判昭和31年10月4日は，「一旦遺贈がなされたとしても，遺言者の生存中は受遺者においては何等の権利をも取得しない。すなわちこの場合受遺者は将来遺贈の目的物たる権利を取得することの期待権すら持つてはいないのである。」と判示している。また，前掲最判平成11年6月11日は，「遺言者が心身喪失の常況にあって，回復する見込みがなく，遺言者による当該遺言の取消し又は変更の可能性が事実上ない状態にあるとしても，受遺者とされた者の地位の右のような性質が変わるものではない。」と判示している。このような遺贈の性質（遺言者が生存中である場合における受遺者の地位）についての判例の立場は，私法上確立したものといえよう。

この立場を前提にすると，本件貸付金が，本件遺贈の直前の段階において，C社に移転することが確実といえる状況であったとは言い難く，また，そもそも，所得税法59条1項1号の規定や譲渡所得課税の趣旨（清算課税説）からして，遺贈の性質を私法上確立した立場と異にする理由はない。その意味において，国の主張には無理があり，本判決の結論は適切であるといえる。

ただし，上記イでは引用を省略したが，本判決は，「被告は，本件遺贈の直前において，Aが遺言の一部（本件貸付金債権を遺贈する旨の部分）を撤回することがおよそ考えられなかったこと，及びAが死亡して本件遺贈の効力が生じた時に本件貸付金債権がC社に移転して混同により消滅する

ことが確実であったことを基礎付ける具体的な事実を主張していない上，本件においてかかる事実はうかがわれない。」とも判示している。本判決が「具体的な事実」としてどのようなものを想定しているのか明らかではないが，仮に国がそのような事実を主張・立証していれば，本件貸付金をC社の負債として計上すべきではない，という結論に至った可能性があるようにも読める。

　しかし，私法上，遺言者による遺言の取消し又は変更の可能性が事実上ない場合であっても，受遺者とされた者の地位の性質は変わらないはずである（前掲最判平成11年6月11日）。上記引用部分は，この立場と相容れないように思われるが，いずれにしろ，本判決が一定の留保を付している点には留意されたい。

～ディスカッション～

佐藤：私自身が相続関係に詳しくないこともあり，少し難解な事件というところもあるかと思うので，解きほぐしていきたいと思います。まず，細かい点になるのですが，本件では，「準」確定申告がされています。これは，亡くなったAの譲渡所得に関する申告を相続人であるBが代わりに行った，という手続でしょうか。

向笠：準確定申告につきましては，佐藤先生のご認識のとおりであり，年の途中で死亡した者が所得税について確定申告書を提出する必要がある場合，その死亡した者の相続人が，相続開始があったことを知った日の翌日から4か月以内に，その死亡した者の所得税についての申告書を提出しなければならない，というものです（所得税法125条1項）。本件事例では，平成25年5月16日にAが死亡したため，Aの妻であったBが相続人として，Bの相続開始があったことを知った日の4か月以内である同年9月12日に準確定申告を行った，ということになります。

　相続が発生した場合，相続人が，相続開始があったことを知った日の翌日から10か月以内に相続税申告の義務を負っているというのは比較的

有名かと存じますが（相続税法27条1項），準確定申告の義務も負っているということは，あまり馴染みのない話であるように思います。かく言う私も，恥ずかしながら，国税不服審判所で任期付職員として働く前は，そもそも準確定申告の存在を知りませんでしたが，準確定申告の期限は，相続税申告の期限よりも短いですし，実務上注意が必要であるように思います。

佐藤：本件の判断の一つのポイントは，遺贈の対象となった株式の価値の算定のタイミングを，譲渡直前のタイミングであるとした点になると思われます。この点につき，譲渡所得に関するいわゆる清算課税説に言及されていますが，清算課税説と本判決の結論との関係をご説明いただけますでしょうか。また，この点に関する本件での裁判所の判断は，最近の判例で言えば，いわゆるタキゲン事件最高裁判決（最判令和2年3月24日集民263号63頁）の判断が前提になっているように感じたのですが，いかがでしょうか。

向笠：まず，清算課税説と本判決の関係についてご説明します。

清算課税説というのは，譲渡所得の本質が所有資産の価値の増加益に対する課税である，と考える見解で，通説とされています。判例も，昔から清算課税説に立っており，佐藤先生がご指摘のタキゲン事件でも，過去の判例を引用しつつ，「譲渡所得に対する課税は，資産の値上がりによりその資産の所有者に帰属する増加益を所得として，その資産が所有者の支配を離れて他に移転するのを機会に，これを清算して課税する趣旨」と判示しています。

清算課税説からしますと，タキゲン事件が判示するように，「資産の譲渡は課税の機会にすぎず，その時点において所有者である譲渡人の下に生じている増加益に対して課税される」ことになるので，譲渡時点での資産価値が重要となります。これを本件に即して言えば，本件株式の価値を譲渡直前のタイミングで算定する，ということになります。

本判決も，本件株式の価値の算定時期を，本件遺贈の直前のタイミン

グとしていますが，これは清算課税説に立った論理的帰結であるといえると思います。

　次に，タキゲン事件の判断が本判決の前提となっているかどうかについてですが，結論から申し上げますと，佐藤先生がご指摘のとおりであると存じます。

　すなわち，タキゲン事件も，本件と同様に取引相場のない株式譲渡に係る所得税法59条１項の「その時における価額」が争いとなった事件で，所得税基本通達が借用する財産評価基本通達188の定めをそのまま用いることができるかについて，上記のとおり清算課税説に立った上で，「譲渡所得に対する課税の場面においては，相続税や贈与税の課税の場面を前提とする評価通達（注：財産評価基本通達）の前記の定めをそのまま用いることはできず，所得税法の趣旨に即し，その差異に応じた取扱いがされるべき」と判示しました。つまり，タキゲン事件は，所得税法の趣旨，より具体的には清算課税説に照らし，財産評価基本通達を適宜修正して借用すべきである，と判示しています。

　一方，本判決は，所得税基本通達が借用する財産評価基本通達185がいう「課税時期」について，相続税や課税の場面においては「相続，遺贈又は贈与により取得した財産の価額の評価の基準時となる当該財産の取得の時（相続税法22条）をいう」としつつ，譲渡所得の場合は，上記イで引用したとおり，「譲渡所得に対する課税の上記趣旨に照らせば，……当該譲渡の直前におけるその各資産及び各負債の価額に基づき行うべき」と判示しました。

　そうすると，本判決も，財産評価基本通達を文言どおり借用するのではなく，清算課税説の趣旨に照らして修正した上で借用していることになります。この判断は，タキゲン事件の考え方と全く同じであり，同事件の判断を前提にしているのは明らかであると思います。

佐藤：課税当局は，株式とセットで遺贈の対象となった貸付金債権は，遺贈が効力を生ずれば混同により消滅すること（デット・エクイティ・ス

ワップにおける債権の現物出資と同じことですね）がいわば「見込まれている」という点を重視したようです。しかし，株式価値算定のタイミングを譲渡「直前」と考えることを前提とすると，民法上，その時点ではまだ遺贈が効力を生じていない（したがって，まだ債権が株式会社に移転していないので，混同による消滅も起こっていない）ので，課税当局の主張には無理があるように思えます。

　課税当局がこのような発想に至る理由としては，昔ながらの「（私法に基づく法律関係は脇において）実態を見る」という「実質課税」の考え方が背後にあるような気もします。このあたり，国税不服審判所で国税職員の方と一緒に仕事をされたお立場から，課税当局の「考え方の癖」との関連について，お考えをお聞かせください。

向笠：本件における課税当局の主張は，民法上確立された判例理論とは明らかに反しますので，私もかなり無理があると考えています。課税当局がこのような無理な主張を行ったのは，佐藤先生がおっしゃるように，「実質課税」の考えに基づくように思いますし，さらにその背後には，「不当な課税逃れは許さない」という国税職員としての使命感のようなものがあるのかな，と感じています。実際に，私が国税不服審判所で働いていた時，国税組織出身の方と話をしていると，そのような使命感を持って仕事をされているのだな，と感じることがありました。

　「不当な課税逃れは許さない」という強い使命感を持って職務に専念されることは，大変素晴らしいことですが，ただ，そのような思いを強く持ちすぎると，何が何でも課税をしなければ，という考えに陥り，実質課税となってしまう場合があるように感じます。推測ですが，本件も，課税当局としては，混同による消滅が確実な本件貸付金を負債計上してC社の株価を押し下げるのは許されない，という感覚であったように思います。

　なお，私が審判所にいた当時は，私法関係を露骨に無視するような案件はさすがに少なかったように思いますが，契約書を過度に重視して課

税に不利な契約書外の事情は考慮しない，当事者の供述のうち課税するのに都合のよい部分だけ拾う，といったように，私法関係の認定が粗いと感じることがありました。このような認定では，実態とはかけ離れた「課税処分に適したストーリー」を作ることを許容し，実質課税につながってしまうように思いますので，実質課税防止の観点からも，国税職員の事実認定についてのスキルアップを図ることが重要であるように思います。

3 | 通達の位置づけ

通達は，租税実務で重要な地位を占める。しかし，法的に見た場合，通達は，国税庁の職員が従うべき行政内部のルールであり，裁判所はこれに拘束されない。それゆえ，裁判所は，通達とは異なる内容の判断を下すことがある。このことについて見てみよう。

(1) 外れ馬券事件（最判平成27年3月10日刑集69巻2号434頁）

ア　事案の概要

本件は，一般の新聞等においても大きく報道されたものであり，「外れ馬券の購入費用が必要経費となるか」という点が問われた事例として著名であるが，それにとどまらず，課税の在り方全般に示唆を与える判決であると思われる。

本件の争点は，馬券払戻金による所得金額の算定に際して必要経費とされるのは，当り馬券の購入費のみか，外れ馬券の購入費も含まれるのか，という点であった。この点，馬券払戻金による所得が，偶発的な利得として「一時所得」（所得税法34条1項）に該当するならば，所得は個々の払戻金ごとに生じ，必要経費も個々の払戻金収入に対応する当り馬券の購入費のみであると解されるのに対し，本件での馬券購入行動を一体としての経

済活動と見れば，馬券払戻金による所得は「営利を目的とする継続的行為から生じた所得」として，一時所得ではなく「雑所得」（同法35条1項）となり，外れ馬券の購入費も，馬券購入活動「全体」に要した支出として必要経費となると解される，という関係にあった。

イ　裁判所の判断

　最高裁は，納税者が自動購入ソフトに独自のデータ分析に基づく設定などを行い，個々のレースで勝つことを目的とするのではなく，長期間を通じて収益を上げようとしていたものであるという行為の態様から，馬券払戻金による所得は，「営利を目的とする継続的行為から生じた所得」（同法34条1項）であり，一時所得ではなく雑所得に該当するものとし，それゆえ，外れ馬券の購入費も必要経費に含まれるものとした。

＜図表：外れ馬券事件における所得分類と必要経費の関係＞

所得分類	収入とされる金額	必要経費
一時所得	個々の当り馬券の払戻金	個々の当り馬券の購入費
雑所得	すべての当り馬券の払戻金合計額	外れ馬券を含む全馬券購入費

ウ　判決のポイント

　本件での課税当局側の立論の背景に，通達の存在がある。すなわち，通達は，馬券の払戻金は一時所得と分類しているのである（所得税基本通達34−1(2)）。この通達は，売り場で馬券を購入するごく普通の競馬ファンを念頭に置いていると思われ，少なくとも通達の制定当時には，合理的なものであったといえよう。

　問題は，本件でこの通達をそのまま適用してよかったのか，である。もちろん課税当局は，行政機関として，通達に従うことを求められる立場にある。しかしながら，第一審判決（大阪地判平成25年5月23日裁判所ウェブサイト）も指摘するように，その通達自体，前文で，「社会通念」に基づき，

個々の事案に妥当する処理を図るよう求めているのである。次に，所得税基本通達の前文を引用する。なお，通達前文における社会通念への配慮は，筆者が独自に思い至ったことではなく，租税訴訟において納税者が勝訴する流れの先駆けとなった興銀事件（最判平成16年12月24日民集58巻9号2637頁）との関連で中里実名誉教授がつとに指摘されていたことであって[8]，筆者はその驥尾に付しているにすぎない。

＜図表：所得税基本通達・前文＞

> この通達の具体的な適用に当たっては，法令の規定の趣旨，制度の背景のみならず<u>条理，社会通念をも勘案しつつ，個々の具体的事案に妥当する処理を図るよう努められたい。</u>（下線は筆者）

　本件での納税者の行為は，常識的に見て，継続的な営利活動であると思われ，最高裁判決は，まさにそのような「社会通念」に沿った判断を示したものといえよう。前記1(3)の第二次納税義務事件や以下で述べていくように，司法判断を受けて，国税庁が，通達や課税実務を改める事例も少なくなく，まさに本件についても，国税庁は，判決の内容に沿った形で通達の改正を行った。多くの場合，国税当局の取扱いは実情に沿った合理的なものであろうが，変化の激しい現代にあって，常に国税当局の取扱いが妥当であるとは言い切れないのではなかろうか。納税者としては，国税当局の取扱いに沿った課税であっても，社会通念に照らして納得のいかない場合，裁判所の判断を求めるべき場面もあるように思われる。

～ディスカッション～

木村：佐藤先生がご指摘されているとおり，課税当局は行政機関として通達に従うことを求められる立場にありますが，国税不服審判所について

8　中里実「興銀事件」水野忠恒ほか編『租税判例百選〔第4版〕』（有斐閣，2005）107頁。

　も同様と考えてよいでしょうか。

佐藤：国税不服審判所は，制度上，通達と異なる判断を下すときには，一
　　定の手続を経ることとされており（国税通則法99条），逆に言うと，原則
　　としては，通達に従うことになります。こうした手続が行われることは
　　実際には極めて稀で，基本的に通達に従った判断が行われるものと理解
　　しています。

木村：本件では通達の適用に当たって社会通念が問題となりましたが，法
　　令の適用に当たっても同様に社会通念を考慮することが許されるでしょ
　　うか。すなわち，租税法令は適時に改正がなされるとは限らず，立法当
　　時は合理的であったものが時代の変遷とともに不合理となることもある
　　と思います。そのように不合理となった租税法令に基づいて課税がなさ
　　れた場合，納税者としてはどのように争うことができるでしょうか。

佐藤：裁判所が得意とする民事法一般について言うと，裁判官の判断に当
　　たっては，法の適用・事実認定の全般にわたって社会通念を考慮すべき
　　であるという考え方が一般的かと思います。これも，法の生命は結論の
　　妥当性である，ということからくるものと思います。

　　　租税法令については，文理解釈の原則もありますので，限界はあるか
　　と思いますが，それでも，社会通念をも考慮した具体的に妥当な判断は
　　やはり求められるはずで，納税者としても，社会通念に適合する法解釈
　　を求めて争っていくことは，十分，意味のある道であると思います。

木村：社会通念は事実認定の場面においてより重要性が高いと考えられま
　　すが，社会通念というのは裁判所のみならず，国税不服審判所でも重視
　　されていると考えてよいでしょうか。裁判所と国税不服審判所で何か違
　　いがあるようでしたら，差し支えない範囲でご教示いただけますと幸い
　　です。

佐藤：在籍時の経験から，国税不服審判所は，行政機関であるという自己
　　認識が強いと感じています。そのことと関連して，国税不服審判所には，
　　法解釈については，租税法令，通達，国税不服審判所の先例裁決に従っ

て，できるだけ形式的に判断をしようという傾向が感じられます（行政機関は形式的に判断をしなければならない，とは必ずしも言えない気もしますが，審判所はそのように考えているようです）。

　他方で，木村先生の指摘される事実認定に関しては，国税不服審判所も，社会通念を考慮しているように思います。その意味で，課税処分の事実認定が実態と離れていると考えられる場合に国税不服審判所でその点を争うことには，勝機がそれなりにあると思います。

⑵　株式保有特定会社事件（東京高判平成25年2月28日税資263号順号12157）

ア　事案の概要

　本件は，非上場会社の株式に係る相続税評価が問題となった事案である。具体的には，相続財産である株式を発行する会社が，財産評価基本通達（評価通達）189の⑵の「株式保有特定会社」に該当するか否かが問題となった。

　評価通達189の⑵は，課税時期において評価会社の有する各資産を評価通達に定めるところにより評価した価額の合計額のうちに占める株式及び出資の価額の合計額の割合が25％以上（本判決を受けての評価通達改正前の数値）である評価会社を「株式保有特定会社」として，その株式の評価を原則的評価方式（本件のような「大会社」については類似業種比準方式。評価通達179の⑴）以外の特別の方式によるものとしている。かかる定めは，平成2年の評価通達改正の際に設けられたものであり，その趣旨は，会社の資産構成が株式等に偏っている会社については，発行株式の価値が株式等の価値に依存する割合が高いものと考えられるため，原則的評価方式である類似業種比準方式によっては適正な株式の評価を行い難く，租税回避行為の原因ともなっていたことから，評価の適正化を図ることにあった[9]。

　問題は，株式保有特定会社の該当性のメルクマールとしての「25％」という数値が，本件の相続開始当時においても妥当なものであったか，である。

イ　裁判所の判断

　この点，東京高裁は，株式保有特定会社に関する規定が新設された平成
2年当時においては25％という数値が妥当であったことを認めつつ，本件
の相続開始当時においては，当該数値を一律に適用することは，妥当性を
失っていたものと判断した。その根拠としては，①平成9年の独占禁止法
改正によって従来は全面的に禁止されていた持株会社が一部容認されるよ
うになったこと（独占禁止法9条4項1号），②これを契機として，商法等
において持株会社や完全親子会社を創設するための株式交換等の制度の創
設等の企業組織再編に係る法制整備が進められるなど，会社の株式保有に
関する状況が大きく変化したこと，③本件の相続開始当時の統計によれば，
25％という株式保有割合が特段高いものとはいえないこと，④法令上，子
会社の株式の取得価額の合計額の当該会社の総資産の額に対する割合が
100分の50を超える会社が持株会社とされ，特別な規制がされていること
（独占禁止法9条4項1号）などが挙げられた。

　その上で，本判決は，本件の事案における相続対象株式の発行会社は，
株式保有特定会社には該当しないものと判断した。

ウ　判決のポイント

　評価通達は，国税庁の資産税の課税実務において，極めて重要視されて
いる。本判決は，その評価通達の合理性に疑問を呈し，通達に縛られない
法解釈を示した点に大きな意義がある。本判決を受けて，国税庁は，株式
保有特定会社の基準となる数値を「50％」に改める内容の評価通達の改正
を行った。

　評価通達のような統一的な評価基準の存在そのものは，相続税の評価対
象となる資産につき，納税者間の取扱いの平等を期する観点などから，そ
の実務上の必要性についてあまり異論はないと思われる。問題は，常に評

9　判時2180号18頁の，本件第一審判決（東京地判平成24年3月2日判時2180号18頁）に関す
　るコメント欄参照。

価通達に沿った処理が妥当であるかと言えば，必ずしもそうではない，という点である。

　株式保有特定会社に関する評価通達の規定が，持株会社解禁や株式交換制度の導入などの関連法制の整備の中で，平成2年当時のままに維持されていた理由は分からないが，本来は，本判決を待たず，もっと早い時期に通達の改正がなされて然るべきであったように思われる。いずれにせよ，納税者としては，通達が存在してもその内容が不合理である場合には，裁判所が救済してくれる可能性があることを示した点で，本判決の意義は大きいといえる[10]。

～ディスカッション～

木村：本件では課税当局が通達をそのまま適用して課税したことが問題となりましたが，逆に，課税当局が通達を適用しなかったことが問題になることもあります。典型的には，納税者が評価通達に従って申告したにもかかわらず，課税当局が通達の適用を否定して課税する，いわゆる6項否認のケースです。そのような場合，納税者としてはどのような争い方があるでしょうか。

佐藤：基本的には，課税当局は通達に縛られる以上，通達を適用しなければならないはずだろうと思います。通達があるのにそれが適用されずに納税者が不利益を被る場合，納税者としては，通達が（金子宏先生の指摘される）「行政先例法」になっているのだ，という主張を行っていくことが考えられると思います[11]。裁判例ではおそらく見られない考え方で，これまでは，信義則などが主張されてきたかと思いますが，訴訟でいろいろな主張が行われることで，裁判所がこれに応答して新たな判例

10　本件の納税者代理人による講演録として，宰田高志「通達行政と司法によるチャレンジ（評価通達に関する平成25年2月28日東京高裁判決を題材として）」租税研究768号（2013）174頁以下がある。

11　金子宏『租税法〔第24版〕』（弘文堂，2021）115頁。

法が開かれていくと思います。行政先例法というのも，将来の判例法に
なりうる重要な考え方ではないかと思います。

木村：通達とは別に「Q&A」や「質疑応答事例」といった形式で国税庁
が見解を表明することがあります。これらは通達と違ってパブリックコ
メントが不要であるため，手続が簡便であるということも聞いています。
このように通達以外の方法で示される国税庁の見解について，通達との
異同をどのように考えるべきでしょうか。

佐藤：通達とは別にご指摘のようなものがあることについて，私はその理
由を知らなかったのですが，手続が簡便ということがあるのですね。納
税者サイドは，税理士の先生方なども，通達であれQ&A等であれ，当
局の見解として，重きを置いている印象です。通達以外の国税庁見解で
あっても，それが定着している場合には，行政先例法として，それを信
頼した納税者は保護されるべきだろうと思います。

木村：租税法の分野に限らず，現代においてはソフトローの重要性が説か
れることが多いと思います。改めて租税法における通達の積極的な意義
について，お考えをお聞かせいただければと思います。

佐藤：通達は，実務上は極めて重要なものだろうと思います。裁判所は通
達に縛られはしないものの，実際には，裁判例も，多くの場合，通達の
内容が合理的であると判断しているケースが多いかと思います。一方で，
租税法律主義の考え方からは，定着した通達の内容は，政令に昇格させ
ていく，といったこともあってよいと思います（実務上はおそらく通達
であっても法令であってもどちらでもよい，という専門家が多いとは思いま
すので，原理的な観点になりますが）。リースの取扱いなどは，実際に通
達の内容が法令となったものと理解していますし，評価通達も，その重
要性から，政省令で規定すべきという考え方を金子先生はかねてより述
べられています[12]。

Ⅱ　適正な事実認定

法的三段論法において，「法令」と対をなすのが「事実」である。ここでは，その事実の認定の在り方について見ていきたい。

1 ｜ 事業目的の正当な認定

まずは，グローバル企業の組織戦略について，ビジネス上の目的（事業目的）を裁判所が正しく認定して課税処分を取り消した著名な最高裁判決2件を見てみよう。それぞれ，外資系企業と日系企業の事例である。

(1)　ユニバーサルミュージック事件（最判令和4年4月21日民集76巻4号480頁）

ア　事案の概要

本件では，フランスに本社があり，音楽関連事業などを営む多国籍企業であるユニバーサルミュージック社のグループ再編に伴って新たに設立された日本法人（新設法人）が，多額の資金を国外の関連法人から借り入れてグループ内ですでに存在していた事業会社である日本法人（既存法人）の株式を取得して買収した上で，これと合併するという一連の組織再編取引等（本件組織再編取引等）を行ったものであり，結果として既存法人に多額の負債が計上され，国内事業の収益から多額の支払利子が控除されることとなった（次頁図表参照）。

＜図表：ユニバーサルミュージック事件の組織再編取引等のイメージ＞

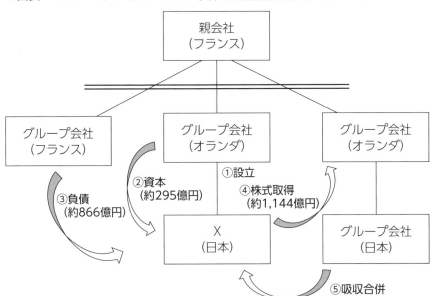

このように支払利子を生じさせる手法はデットプッシュダウンなどと呼ばれ，税負担軽減のためのスキームとして用いられることがある。そこで，課税庁は，上記のような国外関連者への支払利子が生じることになる借入れを伴う本件組織再編取引等は不当に法人税を減少させるものとして，同族会社の行為計算否認規定を適用して課税処分を行った。

この規定は，法人の行為又は計算を容認すると法人税の負担を不当に減少させる結果となる場合に，その行為又は計算を否認することを課税庁に認めるものである。そして，ここでいう「不当に」という不当性要件はいわゆる規範的要件であり，その判断基準は必ずしも明確なものとはいえない。そこで，本件でも，これをどのように判定するかという点が問題となった。

イ　裁判所の判断

　最高裁は，不当性要件の判断基準について，以下のとおり判示した。

　「法人税法132条1項は，同項各号に掲げる法人である同族会社等においては，その意思決定が少数の株主等の意図により左右され，法人税の負担を不当に減少させる結果となる行為又は計算が行われやすいことから，税負担の公平を維持するため，そのような行為又は計算が行われた場合に，これを正常な行為又は計算に引き直して法人税の更正又は決定をする権限を税務署長に認めたものである。このような同項の趣旨及び内容に鑑みると，同項にいう『これを容認した場合には法人税の負担を不当に減少させる結果となると認められるもの』とは，同族会社等の行為又は計算のうち，<u>経済的かつ実質的な見地において不自然，不合理なもの，すなわち経済的合理性を欠くものであって，法人税の負担を減少させる結果となるものをいうと解するのが相当である。</u>」（下線は筆者）

　「同族会社等による金銭の借入れが上記の経済的合理性を欠くものか否かについては，当該借入れの目的や融資条件等の諸事情を総合的に考慮して判断すべきものであるところ，本件借入れのように，ある企業グループにおける組織再編成に係る一連の取引の一環として，当該企業グループに属する同族会社等が当該企業グループに属する他の会社等から金銭の借入れを行った場合において，当該一連の取引全体が経済的合理性を欠くときは，当該借入れは，上記諸事情のうち，その目的，すなわち当該借入れによって資金需要が満たされることで達せられる目的において不合理と評価されることとなる。そして，当該一連の取引全体が経済的合理性を欠くものか否かの検討に当たっては，<u>①当該一連の取引が，通常は想定されない手順や方法に基づいたり，実態とはかい離した形式を作出したりするなど，不自然なものであるかどうか，②税負担の減少以外にそのような組織再編成を行うことの合理的な理由となる事業目的その他の事由が存在するかどうか等の事情を考慮するのが相当である。</u>」（下線は筆者）

　その上で，最高裁は，本件の具体的な事実関係に当てはめて，本件組織

再編取引等には税負担の減少以外に複数の正当な事業目的があり，それらは本件組織再編取引等を行う合理的な理由となるものと評価することができる旨を述べて，結論として課税庁による行為計算否認規定の適用を否定した。

ウ　判決のポイント

　本判決は，同族会社の行為計算否認規定（法人税法132条1項）における不当性要件の判定に当たっては，取引行為の不自然性・合理的理由の有無について検討して経済的合理性を欠くかどうかを判断すべきとした上で，たとえ取引行為の目的に税負担の減少が含まれているとしても，そのほかに正当な事業目的がある場合には，それらが取引行為の合理的な理由となることが認められ，したがって経済的合理性を欠くとまではいえず，行為計算否認規定の適用はないことを明らかにしたものである。

　この点，同族会社の行為計算否認規定と同様の一般的な否認規定である組織再編成に係る行為計算否認規定（法人税法132条の2第1項）における不当性要件が争われたヤフー事件（最判平成28年2月29日民集70巻2号242頁）でも，最高裁は，その判定に当たっては，組織再編成が不自然なものであるかどうか，また，組織再編成に合理的な理由となる事業目的が存するかを検討すべきとした。このように取引行為の不自然性・合理的理由の有無を判断基準として不当性要件を判定するという手法は，同族会社の行為計算否認規定であっても組織再編成に係る行為計算否認規定であっても同様に通用するものと解されるところ，本判決がヤフー事件と同様の判断基準を示したことで，これらの否認規定に共通の判断基準が最高裁によって示されたものといえる。

　今後，企業が税負担の軽減をも目的とした取引行為を実施するに当たって，行為計算否認規定の適用がなされないようにするためには，これらの判決で示された判断基準に従い，事実関係を整理した上で，正当な事業目的ないし取引目的について検討し，書面化しておくことが重要であると思

われる。

<h2 align="center">～ディスカッション～</h2>

安田：本判決は，「組織再編成に係る一連の取引の一環」として借入れを
　　行ったものと捉えた上で，組織再編取引を全体として見たときに経済合
　　理性を欠くものとはいえず，借入れの目的も不合理とはいえないと判断
　　しました。他方，その判断の過程で，組織再編取引の目的には，税負担
　　の減少をもたらすことが含まれていたとの指摘もしています。本判決を
　　踏まえ，税負担減少の目的があることが，事業目的とどのような関係に
　　あり，経済合理性の評価にどのように影響すると考えていけばよいで
　　しょうか。

木村：税負担の最適化を目指すこと自体は合理的経済人としてあるべき姿
　　であるともいえますので，税負担減少の目的が正当な事業目的と相容れ
　　ないものであるとはいえないでしょう。ただ，税負担の減少が中心的な
　　目的と認められる場合には，その目的を実現したいがために不自然・不
　　合理な取引を行ったものと認められる蓋然性が高くなり，経済合理性が
　　否定されることにつながりやすいという関係になると考えています。逆
　　に，税負担減少以外の目的が多く認められると，税負担減少の目的は相
　　対化しますので，取引の経済合理性が肯定される方向に働くのではない
　　かと思います。

安田：本件と同じく同族会社の行為計算否認規定（法人税法132条1項）の
　　適用が問題となったIBM事件では，東京高裁（東京高判平成27年3月25
　　日判時2267号24頁）が，独立当事者間の通常の取引と異なる取引であれ
　　ば経済合理性を欠くという趣旨にも読める判断を示していました。IBM
　　事件では最高裁の判断は示されなかったところ，本件では，最高裁が，
　　借入れについて，独立当事者間で通常行われる取引とは異なる点もある
　　と指摘しつつ，結論として不合理な取引とまでは言い難いと判断してい
　　ます。本判決は，独立当事者間で通常行われる取引かどうか，という観

点と経済合理性の関係について，どのように捉えていると読めばよいでしょうか。

木村：独立当事者間と関連者間では，当然，法的にも経済的にも異なる力学が働きますので，独立当事者間と異なる取引であることをもって直ちに経済合理性を否定することはできないでしょう。一般には，独立当事者間で通常行われる取引であることがいえれば経済合理性が肯定されますが，その逆は必ずしも真ならずで，独立当事者間で通常行われない取引であっても，それのみで経済合理性が否定されることにはならないと思われます。独立当事者間取引と異なることを理由に課税するためには，移転価格税制のような特別の税制が必要でしょう。

　本判決も，独立当事者間で通常行われない取引であることは経済合理性を否定する一要素とはなりうるものの，それが決定的な要素になるものではなく，その他の事情を踏まえて総合的に経済合理性を判断するという姿勢を示したものといえます。

安田：本件の借入れの年6.8％という利息の定めが不自然，不合理とまではいえないとする理由として，本判決は，利息等がXの予想される利益に基づいて決定されたということを挙げています。しかし，このような利息の定め方自体が，Xの所得の国外移転を目的としてなされたことの表れであり，不自然であるという見方もありそうです。本件で，国は，借入れの条件については，第一審の段階から独立当事者間の条件で行われたことを特に争っていなかったようですが，国はこの点をなぜ争わなかったのか，争っても結論は変わらなかったのかについて，木村先生のお考えをお聞かせください。

木村：本件では，課税当局は貸付けそのものを不合理なものとして否認したものですので，貸付けの利率を争うということには至らなかったものと想像します。また，関連者間で設定された利率を争うためには，移転価格税制を適用する必要があり，同族会社の行為計算否認の規定を適用する場合とは異なる主張・立証が必要になるという事情もあったのかも

しれません。仮に移転価格税制を適用した場合には，貸付けの利率が高額であって少なくともその一部が否認されるということはあり得たかもしれません。

(2)　デンソー事件（最判平成29年10月24日民集71巻8号1522頁）

ア　事案の概要

　本件は，日本法人であるデンソー社がシンガポールに子会社（本件子会社）を有していたところ，シンガポールにおける税負担が日本と比べて著しく低いことから，外国子会社合算税制（合算税制）の適用対象となりうることを前提として，その適用除外要件を満たすかどうかが争われた事案である。特に，適用除外要件を満たすための四つの基準（①事業基準，②実体基準，③管理支配基準，④非関連者基準又は所在地国基準）のうち，事業基準の充足が問題となった。すなわち，事業基準を充足するためには，本件子会社の主たる事業が，株式・債券等の保有，工業所有権・著作権等の提供，船舶・航空機の貸付けのいずれにも該当しないことが必要であったところ，本件子会社は複数の業務を行っていたことから，その「主たる事業」が何であるかが争われた。

　この点，本件子会社はASEAN域内のグループ会社の株式を保有しており，仮に主たる事業が「株式の保有」であると認められれば事業基準を充足せず，合算税制の適用除外要件は満たさないことになる。そこで，デンソー社側は，本件子会社の主たる事業は株式の保有ではなく，地域統括業であると主張した。これに対して，課税庁側は，地域統括に関する業務は配当所得の稼得のためにグループ会社の支配・管理を行うものであり，そのようなグループ会社の支配・管理は株式の保有に伴う業務の一部に含まれるものであること，また，本件子会社の稼得する所得のうちに株式の保有から生じる配当所得が占める割合は8割を超えており，総資産のうちに保有株式が占める割合も過半となっていることから，主たる事業は株式の

保有に係る事業にほかならないことを主張した。

　以上について争点を整理すると，次の二つとなる。

> 争点①：地域統括業が株式保有業とは別個独立した事業であると認められる
> 　　　　か
> 争点②：上記が肯定される場合，本件ではいずれが主たる事業であると認め
> 　　　　られるか

イ　裁判所の判断

　最高裁は，まず，①の点について，以下のとおり判示し，地域統括業が
株式保有業とは別個独立した事業になりうることを認めた。

　「他の会社の株式を保有する特定外国子会社等が，当該会社を統括し管
理するための活動として事業方針の策定や業務執行の管理，調整等に係る
業務を行う場合，このような業務は，通常，当該会社の業務の合理化，効
率化等を通じてその収益性の向上を図ることを直接の目的として，その内
容も上記のとおり幅広い範囲に及び，これによって当該会社を含む一定の
範囲に属する会社を統括していくものであるから，その結果として当該会
社の配当額の増加や資産価値の上昇に資することがあるとしても，株主権
の行使や株式の運用に関連する業務等とは異なる独自の目的，内容，機能
等を有するものというべきであって，上記の業務が株式の保有に係る事業
に包含されその一部を構成すると解するのは相当ではない。」

　そして，②の点について，最高裁は，以下のとおり判示し，主たる事業
の判定に当たっての判断基準を示した。

　「主たる事業は，特定外国子会社等の当該事業年度における事業活動の
具体的かつ客観的な内容から判定することが相当であり，特定外国子会社
等が複数の事業を営んでいるときは，当該特定外国子会社等におけるそれ
ぞれの事業活動によって得られた収入金額又は所得金額，事業活動に要す
る使用人の数，事務所，店舗，工場その他の固定施設の状況等を総合的に
勘案して判定するのが相当である。」

　その上で，最高裁は，本件における具体的な当てはめとして，本件子会社の行っていた地域統括業務が相当の規模と実体を有するものであり，受取配当の所得金額に占める割合が高いことを踏まえても事業活動として大きな比重を占めていたといえることから，地域統括業務が主たる事業であったと認めるのが相当であるとして，事業基準を充足することを認め，その他の基準もすべて充足することから，合算税制の適用除外が認められるとした。

ウ　判決のポイント

　本判決は，合算税制の適用除外要件について，その制度趣旨を踏まえた解釈論を展開したものであり，その解釈適用に当たって，正当な事業目的の存在が重要であることが示されたといえる。すなわち，合算税制が，日本国外で事業を行うことの正当な目的がないにもかかわらず，あえて低税率国に所在する子会社が事業を行うことで税負担を軽減しようとする租税回避行為に対して，税負担の実質的な公平を図ることを目的とするものであることから，低税率国に所在する子会社であっても，正当な事業目的，すなわち独立企業としての実体を備え，その所在する国又は地域において事業活動を行うことにつき十分な経済合理性がある場合には，民間企業の正常かつ合理的な経済活動を阻害すべきでなく，適用除外が認められるべきことが述べられた。このことは本件で問題となった事業基準に限らず，合算税制の適用除外が認められるための要件一般について解釈適用する際にも同様に当てはまるものと思われる。そこで，低税率国に子会社を有する企業としては，適用除外要件の適用が認められるためには，当該子会社にどのような事業目的があるかという点を整理して検討しておくことが重要であるといえよう。

　また，本判決は，外国子会社が複数の事業を行う場合に，どのように「主たる事業」を判定するかについての判断基準を示した。適用除外要件については，いずれが主たる事業であると認められるかによって結論が異

なりうることから，どのように主たる事業を判定するかは重要である。この点につき，本判決は，外国子会社が複数の事業を営む場合には，①各事業からの収入又は所得金額，②各事業に要する使用人の数，③事務所等の固定施設の状況等を総合的に勘案して判定すべきことを示した。要するに，収入や所得金額といった事業活動の結果のみならず，事業に従事する従業員や使用される固定施設の状況など，投下されている人的資本や物的資本という経済活動の規模や実体にも着目し，かかる実質的な観点を踏まえて主たる事業の判定をすべきことを明らかにしたものといえる。

～ディスカッション～

安田：事業目的を整理・検討しておくことが重要であるとのご指摘に関し，合算税制との関係では，特に「低税率国に所在して」事業活動をする目的・経済合理性が問題となると思います。この観点から見た場合，本判決が適用除外を認める判断をしたポイントはどこにあるでしょうか。

木村：低税率国であるシンガポールの子会社を通じて事業活動を行うことについて，税負担の軽減以外に正当な事業目的・経済合理性があることを丁寧に具体的かつ説得的に主張・立証できたことがポイントであると考えています。このことは，本件のように合算税制の適用除外要件の充足が問題となる場合に限らず，同族会社の行為計算否認規定のような租税回避否認規定を適用する場合においても同様であり，納税者としては，税負担の軽減以外に正当な事業目的・経済合理性があることを効果的に主張・立証できるように準備しておくことが重要であると思われます。

安田：収入・所得金額といった事業活動の結果「のみならず」，投下されている人的・物的資本等にも着目して主たる事業を判定すべきとのご指摘に関し，さらに進んで，本判決は，収入・所得金額といった事業活動の結果は「重視していない」と見ることは妥当でしょうか。

木村：さすがにそこまで読み取ることは困難ではないかと思われます。どうしても結果というのは裁判官にとっても分かりやすい要素ですので，

判断に当たっての重要な一要素とならざるを得ないのではないでしょうか。ただ，それでも，主たる事業の認定は総合的な判断となりますので，単純に結果のみが決定的な要素になるわけではないということを示したのが本判決の意義であると考えています。

安田：ありがとうございます。私も同じ見方です。

　最後に，事業基準については，本判決後，低税率国に所在する子会社を有する企業が，日本のアニメのキャラクターについて，現地において，単にキャラクターのサブライセンスなどを行うだけでなく，現地の文化，消費者の嗜好等に合わせてコンテンツを調整する二次創作活動を行っているから「著作権等の提供」に該当しないと主張して訴訟で争われた事例が話題になりました（東京高判令和3年11月24日税資271号順号13633（サンリオ事件））。たとえばこのケースでは，本判決を踏まえると，事業基準を満たすか否かに関して，どのような検討が必要になるでしょうか。

木村：本判決で示された基準を踏まえますと，①キャラクターのサブライセンス事業とコンテンツを調整する二次創作事業の各事業から生じる収入ないし所得の金額，②各事業に従事する人員の数，③各事業に用いられる資産の状況を総合的に勘案して判定されることになると考えられます。そこで，これらの要素において二次創作事業が相当の割合を占めるということを，具体的かつ説得的に主張・立証するための検討が重要になると思われます。

2 │ 事案の全体像を的確に捉えた事実認定

　事実認定は，事案の全体像を的確に捉えた上でこれを行うのでないと，一見正しいように見えてもおかしな結論をもたらす危険性がある。ここでは，裁判所が，事案の全体像を的確に捉えて事実を認定したいくつかの事例を見ていくことにする。

⑴　**親子会社間寄附金事件**（東京地判平成26年１月24日判時2247号７頁）

ア　事案の概要

　本件は，原告である子会社が親会社に対して行った製品の売上値引による売上の減額が法人税法37条に規定する寄附金に該当するとして，課税庁が課税処分を行ったのに対し，当該子会社が，上記の売上値引は，期初に設定された暫定取引価格と期末に決定される確定価格との差額を調整するものであって，寄附金には該当しないと主張して，処分の取消しを求めたものである。

＜図表：事案の概要＞

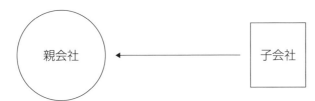

①期初決定価格で売上計上
②期末決定価格により売上値引

親会社　←　子会社

★争点：真実の取引価格は，期初決定価格か，期末決定価格か？

　本件の原告である子会社は，親会社が住宅用外壁の製造部門を分社化して設立したものである。当該子会社は，親会社に対して，その製造する住宅用外壁を継続して販売していた。

　問題となったのは，期末における売上値引の意味である。課税庁は，期初に設定された価格こそが「真実の販売価格」であって，期末の売上値引は，子会社から親会社に対し無償で行われるものであり，寄附金であるとした。これに対し原告である子会社は，期初の価格はあくまで暫定的な価格であり，期末において決定される価格こそが，真実の販売価格であるか

ら，売上値引は，真実の販売価格と暫定価格との差額を調整するものであって寄附金ではないと主張した。

イ　裁判所の判断

　東京地裁は，親会社が子会社に発出している書面の題名は「購入価格暫定通知」などというものであること，親会社は，子会社に対し，当初取引価格とは異なる購入単価の設定を促していること，子会社においては，これを受けて当初取引価格とは異なる暫定価格を設定していることなど，当事者間のやり取り等を詳細に事実認定した上で，合意された真実の販売価格は，期末に決定される価格であると認定した。その結果，期末における売上値引は，経済的にみて贈与と同視し得る資産の譲渡又は利益の供与ではないから寄附金に該当しないとして，課税処分を取り消した。

ウ　判決のポイント

　本件は第一審判決であるが，国側が控訴せず，そのまま確定している。控訴されない例は比較的珍しく，裁判所の判断が緻密で隙がなかったものであろう。代理人弁護士の力量も大きく反映しているものと推察される。裁判所が，ビジネスの実態に即して，合理的な事実認定を行った典型的な事例であると思われる。

～ディスカッション～

木村：佐藤先生が指摘されている，ビジネスの実態に即した合理的な事実認定の重要性は各所で指摘されているところと思います。そうすると，納税者としては，ビジネスの実態を裁判所に正しく理解してもらうことが重要になってくると思いますが，そのためにはどのような点に留意すればよいでしょうか。

佐藤：弁護士になったばかりのころに，法律は分かっても，ビジネスのことを分かっていないという感想を持ったことを思い出します。租税法の

仕事に限りませんが，企業を依頼者として仕事をする場合には特に，ビジネスを理解していないと依頼者からの信頼も得られませんし，当時は，必死にビジネスのことを勉強した記憶があります。租税訴訟を争うに当たっても，まずは弁護士がきちんとビジネスの実態を理解することが必要でしょうね。

　その上で，法的な意味での争点にこだわらずに，背景事情等も含めて，丁寧に裁判所に伝える，いわばコミュニケーションの能力が重要になるかと思います。この点と関連し，「リーガル・コミュニケーション」ということを正面からテーマにした本が，私の若手弁護士だった時代に出ており，とても勉強になった記憶があります[13]。

木村：本件では関連会社間での価格調整が問題となりましたが，関連会社間での適正な対価によらない取引に基づく利益移転が課税当局によって問題とされることは多いと感じています。ただ，「適正な対価」というのは，「時価」と同様に経済的な要素があって法律家として馴染みにくい概念であると思います。そのように経済的な要素が含まれる課税要件を争う場合に，一般的な法令解釈ないし事実認定を争う場合と異なるポイントがあれば教えていただけますと幸いです。

佐藤：まず本件に即して言うと，（上記の本文では触れていませんが）期末決定価格をもって調整を行うことの合理性について，原告が親会社の100％子会社であり，実質的には製造部門の分社化であって，原告には対外的な販売に当たっての値決めをする権限がないので，親会社の側で，発注数量にも鑑みて（発注数量が多ければ，規模の利益によって子会社側の製造コストは下がります）価格を最終決定することが合理的なのだ，という認定がされていたかと思います。このように，先のご指摘とも関係しますが，やはり，背景事情としてのビジネスの実態を含めて主張・立証することが功を奏したのだろうと思います。

13　加藤新太郎編『リーガル・コミュニケーション』（弘文堂，2002）。

　一般論として価格の合理性が問題になる事案について言うと，私自身
は，弁護士時代・国税審判官だった時代を通じて，価格評価の妥当性を
鑑定評価書等で争う事案を取り扱った記憶がないので，あまり言えるこ
とがないのですが，（本件とは異なり）純粋に価格評価の合理性が問題と
なる事案は，不動産鑑定士や株式評価の専門家とコラボレーションし，
弁護士自身がまずその内容を理解するよう努めた上で，裁判所に伝えて
いく，ということになるのかもしれません。弁護士にとってみると，医
療過誤等の専門的知見の問われる訴訟事件と同じなのかなと思います。

木村：本論から逸れてしまって恐縮ですが，租税法，特に法人税法につい
ては，会社が関係することから社会人の興味関心を引くのですが，なか
なか学生には馴染みが薄いようにも思っています。私もいくつかの大学
で講師をした経験がありますが，どのようにして学生に租税法に対する
興味を持ってもらうかという観点から，何か工夫されていることがあれ
ば教えていただけますでしょうか。

佐藤：法学部生・法科大学院生といった，法律を専門とする学生を前提に
すると，私は，まさに租税「法」ということで，法律科目としての租税
法ということ，憲法や民法等の基本的な法律の延長上に租税法がある，
ということを意識して教えるようにしています。実は，民法は，難しい
科目ですから，学生も苦手意識を持っていることが多いですが，たとえ
ば本書で言うと，武富士事件（前記 **I** 2(1)）における借用概念論につい
てゼミ等で取り上げると，民法の重要性に気づいてもらい，関心を持っ
てもらえることもあります。

　法人税法については，会社法との交錯という点を意識して教えていま
す。法人所得算定の構造も，会社法における損益計算が前提になってい
ますし，とりわけ，最近，渡辺徹也先生の教科書[14]などでは重視されて
いる，いわゆる「株主－会社間取引」，すなわち，会社の設立・剰余金

14　渡辺徹也『スタンダード法人税法〔第 3 版〕』（弘文堂，2023）。

の配当・自己株式の取得・組織再編などは，会社法と深く関係します。学生は，民法以上に，会社法に苦手意識を持つ人が多いですが，法人税法の観点から会社法を見ていくと，会社法と法人税法の双方に関心を引くことができるように感じています。

⑵　医療法人出資持分払戻金事件（大阪地判平成31年４月11日判タ1469号139頁）

ア　事案の概要

　本件は，医療法人の理事長X1ら個人又はX1らが設立したX2社のいずれかが，別の医療法人A会の出資持分（本件出資持分）を譲り受けた（本件譲受取引）ところ，その後にA会からX2社名義の預金口座に振り込まれた本件出資持分の払戻しに係る収益について，X1ら又はX2社のいずれに帰属するのかが問題となった事案である。

　本件出資持分の払戻しに係る所得がX1らに帰属する場合は，配当所得として所得税の課税対象となる（所得税法24条１項，25条１項）一方，X2社に帰属する場合は，出資金額を超える部分は益金不算入により法人税の課税対象とならない（法人税法23条１項，24条１項５号）。

　X1及びX2社は，本件出資持分の払戻しに係る収益がX2社に帰属することを前提として，それぞれ所得税等の確定申告，法人税等の確定申告を行った。

　これに対し，課税庁は，本件譲受取引に関連して本件出資持分の譲渡人であるA会の出資者一族（B一族）との間で作成された基本契約書，覚書及び譲渡証書並びに本件出資持分譲渡の承認に係る社員総会議事録には，本件出資持分の譲受人としてX1らが記載されていること，X2社名義の預金口座に振り込まれた払戻金がすべて借入金の返済等により社外に流出してX2社に残っておらず，実質的にはX2社の利益となった金額はないことなどから，本件出資持分の払戻しに係る収益はX1らに帰属するにもかか

わらず，X2社に帰属するかのように仮装したとして，X1らに対して所得税更正処分及び重加算税賦課決定処分を，X2社に対して法人税等更正処分及び過少申告加算税賦課決定処分を行った。

イ　裁判所の判断

　大阪地裁は，出資持分の払戻金に係る所得は当該出資持分を有する者に帰属すると述べた上で，概要次の諸事情を総合的に考慮すれば，本件譲受取引においてX1らは単なる名義人にすぎず，本件出資持分を譲り受けたのはX2社であり，本件出資持分の払戻しに係る所得はX2社に帰属すると認めるのが相当であると判示した。

① 　本件譲受取引に係る一連のスキーム（本件譲受スキーム）は，X2社を設立した上で本件出資持分の譲受人となることを前提として策定されたものであり，現に設立されたX2社は，譲受けに必要な資金の融資を受け，譲受代金を出捐したほか，A会の経営するC病院の運営に必要な不動産やリース資産等を買い受けている。

② 　本件譲受取引に関連して作成された基本契約書や譲渡証書等には，X1らが本件出資持分の譲受人として表示されているが，これはC病院内の院長Dをめぐる問題（DがC病院の乗っ取りを画策し，B一族との間に対立が深まっていた）に対処し，C病院の経営権の譲渡を円滑に行う必要があったためである。

　　他方，X1らがX2社に差し入れた「医療法人A会出資持分払戻請求権譲受に関する証」と題する書面においては，本件出資持分の譲受人がX2社であることが確認されており，本件譲受スキームに沿ったものとなっている。なお，その後，本件出資持分の払戻しの際に作成された基本契約書及び覚書には，X2社が持分権者として記載されており，これらもX2社が譲受人となる本件譲受スキームの延長線上にあるものとして整合的である。

③ 　本件譲受スキームに関与したX1らは，譲受人はX2社であるとの認識

であった。これに対し，譲渡人であるB一族は，譲渡証書の書類等における記載に照らし，X1らが譲受人であるとの一応の認識を有していたと認められるものの，B一族の関心事は無事にC病院の経営権をX1らが経営する医療法人グループに譲渡するという点にあったから，譲渡代金の支払の点に問題がなければ，本件譲受取引の主体が法的評価としてX2社であるかX1らであるかについて特段の関心はなく，仮にX2社であったとしても，その意思には反しないものであった。

④　本件譲受取引において，必要な資金はX2社がすべてこれを出捐しており，これも本件譲受スキームに沿ったものである。譲渡代金の決済は，X2社名義の口座から譲渡人（B一族）の口座へ直接送金された。本件出資持分の払戻しの際にも，払戻金はA会から直接X2社名義の口座に送金されている。

⑤　本件出資持分の譲渡によって得た経済的利益はすべてX2社に帰属しており，他方で，スキーム全体を通じてX1らが本件譲受取引に関して何らかの出捐をしたとか，本件出資持分の払戻しの結果，何らかの経済的利益を受けたといった事実は一切認められない。

ウ　判決のポイント

　所得税法及び法人税法上，事業から生ずる収益に係る所得が誰に帰属するかについては，実質上その収益を誰が享受するかによって判断すべきとされている（実質所得者課税の原則，所得税法12条，法人税法11条）。

　もっとも，ここでいう「実質」の意義について，裁判例上は，私法上の法律関係から離れて経済上の帰属により判断するという立場（経済的帰属説）ではなく，あくまで，課税物件の法律上の帰属につき，その形式と実質が相違している場合に実質に即して帰属を判定すべきことを定めたものと解する立場（法律的帰属説）が通説的見解である。本判決は，出資持分の払戻金に係る所得は当該出資持分を有する者に帰属すると述べており，法律的帰属説の立場に立ったものである。

　本判決は，その上で，関係書類における表示（上記イ②）のほか，代金の出捐，決済など一連の手続へのX2社の積極的関与を示す事情（同①及び④），譲受けの動機・目的に関してX2社への利益の帰属（同⑤），関係者の認識（同③），さらには譲渡証書等においてX1らが名義上の譲受人として表示された理由（同②）を総合考慮して，本件出資持分の譲受人はX2社であり，本件出資持分の払戻しに係る所得はX2社に帰属すると判断した。ここで考慮されている諸要素は，いずれも，私法上の法律関係としての売買の当事者の認定（事実認定）に際しても通常考慮される要素である。

　「実質所得者課税」というと，あたかも租税法固有の問題であるようにも聞こえるが，通説である法律的帰属説による限り，その具体的な判断の在り方も，本判決のように私法上の法律関係の認定と重なるのであって，経験則に即して間接事実を丁寧に主張・立証することが，納税者勝訴にとって極めて重要である。

～ディスカッション～

佐藤：本件は，事実認定が問題となった事案において，諸事情を総合勘案して判断したもので，裁判所らしい判断であると思います。安田先生は，本件で契約の当事者が誰であるかを判断するに当たって用いられた要素は，租税事件だけでなく民事事件でも通常用いられるものと指摘されていますが，この点について，民事事件の場合のことをもう少しご説明いただけますでしょうか。

安田：たとえば，司法修習で教本として用いられている本では，売買の当事者が誰であるかは，まず売買契約書等の関係書類において当事者が誰になっているかを検討する必要があるが，誰が契約締結の交渉，売買代金の用意・支払等の売買手続に積極的に関与したのか，買受けの動機・目的，売買当事者の認識等も考慮し，関係書類上の当事者が単に形式上の名義人にすぎず実質的な当事者が別人であると争われた場合には，なぜその者が名義人となったかを併せて検討する必要があるとされていま

す[15]。

　これらの考慮要素は，単なる名義人であれば，積極的に売買手続に関わることはなく，売買の当事者となる動機・目的もないのが通常で，それにもかかわらず関係書類上であえて名義人とされた理由があるはずだという経験則を踏まえたものです。したがって，民事事件でも，租税事件でも，売買の当事者の認定が問題となる場面では，同様に考慮されるべきものであり，本判決も同様の要素を考慮しているといえます。

佐藤：実質所得者課税の原則における経済的帰属説と法律的帰属説とが，具体的場面でどのように結論に影響してくるのかについて，私はお恥ずかしながら具体的イメージを持てていなかったところ，本件は，その点についても勉強になりました。ちなみに，仮に，経済的帰属説に立った場合，本件はどのように判断されると思われるか，安田先生のお考えを教えていただけますでしょうか。また，関連して，本件での課税当局側の主張は，経済的帰属説の発想に立ったものといえるでしょうか（課税当局は，一般論として，法律関係よりも「経済的実態」を考慮することが多いと思われるためです）。

安田：本件で，課税当局は，X2社名義の預金口座に振り込まれた払戻金は借入金の返済等の名目で社外に流出し，X2社に利益が帰属していない旨主張しており，この点は経済的帰属説の発想に近いといえると思います。

　もっとも，経済的帰属説については，経済的な利益の帰属の判断は困難であるため法的安定性が害されるという批判があり，本判決に関する匿名解説[16]でも，経済的帰属説の立場によっても，法律上の帰属を一切考慮しないという見解は見当たらないという指摘がなされています。本件においても，最終的にX2社に経済上の利益が残っていないという課税当局の主張も分からないではないですが，では誰に利益が帰属したのかを法律上の帰属を離れて判断することは難しく，課税当局も，なぜ

15　司法研修所編『民事訴訟における事実認定』（法曹会，2007）267-269頁。
16　判タ1469号139頁。

　　X1らに経済上の利益が帰属したといえるのかという点については説得的な主張を行えていません。本判決のように法律的帰属説による場合，出資持分の譲受人は誰であるのかという売買の当事者の認定の問題に帰着し，私法上の法律関係に即して判断がなされる点で予測可能性，法的安定性に資すると考えます。

佐藤：本件は，控訴されずに第一審で確定しているようです。一般論として，課税当局側が敗訴したのに控訴しない理由の一つとしては，控訴しても争う材料がない，ということもあると聞いたことがあります。本件は，そのような場合に当たるでしょうか。

安田：実質所得者課税については，最高裁の立場は明らかでないものの，下級審裁判例においては法律的帰属説の立場が概ね定着しており，法律的帰属説による限り，譲受代金の出捐者・決済者や，払戻金の直接的な帰属先に即して出資持分の譲受人がX2社であるとした本判決の判断には説得力があると思います。X1らが譲受人であったと主張する主な材料は，譲渡証書等にX1らが譲受人として記載されていることぐらいですが，この点についても，実際の譲受人と異なりX1らを名義人として記載する理由があったことが説明されており（上記イ②），X1らとX2社との間であえて譲受人がX2社であることを確認する書面まで作成されていることを踏まえると，課税当局としても，控訴しても覆る見込みはないと判断したのだろうと思います。

(3)　**債務免除益課税事件**（東京地判平成30年4月19日判時2405号3頁）

ア　事案の概要

　　本件は，農業，不動産賃貸業等を営んでいた納税者が，農協に対する借入金債務について債務免除を受けたところ，その債務免除益の所得区分が争われた事案であり，その概要は以下のとおりである。

　納税者は，昭和58年３月以降，Ａ農協から継続的に借入れ等をするようになった。その残高は平成11年９月には合計約６億円となっており，その後も返済はなされなかった。

　平成18年４月以降，Ｂ農協との合併が検討されるようになり，その過程で，Ａ農協は，当時，Ａ農協の不良債権全体の約４割を占めていた納税者とその関係者に対する債権について，債権回収機構への売却を検討し，弁護士に債権回収を依頼するなどして回収を図ったが，債権回収機構への売却見込額は極めて少額にとどまり，弁護士による交渉の結果としても納税者から毎月100万円の分割払の提案がなされるにとどまった。

　Ａ農協は，納税者が貸付金を返済してこなかった経緯等が表面化すると，他の農協との合併に支障が生じることが懸念されたことから，納税者とその関係者から一括弁済を受け，残債権を放棄する方針とし，納税者は，平成21年３月，4,300万円を一括弁済した後の残債権約４億3,110万円につき，Ａ農協から債務免除を受けた（本件債務免除）。

　本訴訟では，本件債務免除に係る債務免除益（本件債務免除益）について，納税者は，一時所得に該当すると主張したのに対し，課税当局は，その元となった借入金の使途に応じて，①不動産所得に該当する部分，②事業所得に該当する部分及び③雑所得に該当する部分があると主張した。

イ　裁判所の判断

　東京地裁は，まず，所得区分の判断枠組みについて，「当該所得に係る利益の内容及び性質，当該利益が生み出される具体的態様を考慮して実質的に判断されるべきものと解され，借入金の債務免除益の所得区分の判断においては，当該借入れの目的や当該債務免除に至った経緯等を総合的に考慮して判断するのが相当である」とし，また，不動産所得や事業所得の範囲について，付随収入等も含まれるとした。

　その上で，本判決は，本件債務免除益の不動産所得又は事業所得該当性について，①賃貸用の共同住宅の建築資金に充てる目的で行った借入れに

関する債務免除益は不動産所得に該当し，②農業用機械の購入資金に充てられた借入金に関する債務免除益は事業所得に該当し，③それ以外の部分は，農協の不良債権処理のために，農協の依頼に応じて，不動産貸付業務及び農業の遂行に関わりなく借り入れたものであるから，その債務免除益も不動産所得又は事業所得に該当しないとした。

　本件債務免除益のうち上記③の部分の一時所得該当性について，本判決は，本件債務免除の背景となった合併において納税者に対する債権が支障になるという事情が発生したこと自体が偶発的であり，本件債務免除は，合併の早期実現のほか，納税者からの債権回収の可否，債権回収のための時間及び費用等を総合的に考慮した農協の判断の結果にすぎないから，継続的な行為から生じた所得とはいえないとした。また，本判決は，納税者は上記合併の可否について影響を及ぼし得る法的な権利を有していないこと等から，本件債務免除は，合併に対する協力への見返りではなく，納税者に対する不良債権処理に関するＡ農協の判断の結果にすぎないから，労務その他の役務又は資産の譲渡の対価としての性質を有しないとして，一時所得に該当するとした。

ウ　判決のポイント

　本判決は，本件債務免除益の一部については，不動産所得又は事業所得に該当するとして課税当局の主張を認めたものの，それ以外の部分については，一時所得に該当するとして納税者の主張を認め，その限りで更正処分等を取り消した。

　ある所得が一時所得に該当するというためには，不動産所得，事業所得等に該当しないことを前提として，営利を目的とする継続的行為から生じた所得以外の一時の所得であること（非継続性要件），労務その他の役務又は資産の譲渡の対価としての性質を有しないものであること（非対価性要件）を要する（所得税法34条１項）。

　本件債務免除益のうち不動産所得又は事業所得に該当しない部分が一時

所得に該当するか否かについて，課税当局は，納税者がＡ農協から長期間にわたり繰り返し多額の不正融資を受け，その償還を滞らせ続けるなどした一連の継続的行為から債務免除がなされたものであるから非継続性要件を満たさず，また，合併を左右しうる特別な立場で交渉の末，合併に協力する見返りとして債務免除がなされたから非対価性要件を満たさない旨主張した。

　しかしながら，本判決は，本件債務免除に至った経緯について詳細な事実認定を行った（その概要は上記アのとおり）上，本件債務免除益は，合併で納税者に対する債権が支障になったこと等によるＡ農協の判断の結果という偶発的事情により生じたものであり，継続的な借入行為等から生じたものでも，合併に協力する行為の見返りでもないから，非継続性要件及び非対価性要件をいずれも満たす旨述べて，一時所得に該当するとした。かかる判断は，所得区分は「当該利益が生み出される具体的態様」を考慮して判断すべきであり，債務免除益の所得区分の判断に当たっては「当該債務免除に至った経緯」を考慮する必要があるとの解釈を前提にしたものであり，本件債務免除に至った事実経緯を的確に捉えたものといえる。

　他方，本判決は，本件債務免除益の一部について，借入れの目的に応じて，不動産所得又は事業所得に該当するとした。この点に関し，課税当局は，債務免除益を生み出す元となる債務の発生原因を重視すべきである旨主張したのに対し，納税者はこれを重視すべきでない旨主張していたところ，借入れの目的が不動産業務・事業と関連するものであっても，当該業務・事業自体によって債務免除益が発生するわけではないと考えられ（航空機リース業における借入金に係る債務免除益について同旨を述べて不動産所得に該当しないとした東京高判平成28年2月17日税資266号順号12800参照），借入れの目的を重視すべきでないとの納税者の主張のほうがより説得的であるようにも思われる。しかしながら，本判決は，この点については，債務免除益の所得区分は「借入れの目的」をも考慮して判断すべき旨述べた上，本件債務免除に至った経緯はいずれの借入金についても同じであるに

もかかわらず，元となる借入れの目的に応じて所得区分が異なるとの結論を示しており，課税当局寄りの解釈を前提としたものといえよう。

　納税者の立場からは，法令解釈面で課税当局の主張を争うハードルの高さと，法令に当てはめる事実を丁寧に主張・立証する重要性を再認識させられる判決である。

〜ディスカッション〜

佐藤：本判決が示した所得区分の判断枠組みは，先例に基づくものでしょうか，それとも新規の判断でしょうか。

安田：まず，本判決が，所得に係る利益の内容及び性質のみならず，当該利益が生み出される具体的態様を考慮して実質的に判断されるべきとした点については，特に先例と異なる判断を示したものではないと考えます。この点に関する先例としては，馬券の払戻金の所得区分に関し一時所得か雑所得かが争われた事件で，所得区分の判断に当たっては所得を生じた行為の具体的な態様も考察すべきであるから，馬券の払戻金の本来的な性質が一時的，偶発的な所得であることのみをもって雑所得に当たらないと解すべきでない旨を述べた外れ馬券事件（前記Ⅰ 3⑴）などがあります。

　他方，借入金の債務免除益の所得区分においては，債務免除に至った経緯だけでなく，借入れの目的をも総合的に考慮して判断すべきとした点は，新規の判断であるといえます。この点に関し，やや異なる考え方を示した判例として，権利能力なき社団の元理事長が社団から借入金債務の免除を受けることにより得た利益の所得区分が争われた事例で，借入れの目的が個人的な有価証券取引に充てるためであったとしつつ，社団が債務免除に応じたのは理事長としての貢献についての評価が考慮されたものであり，給与所得に該当すると判断した最判平成27年10月8日集民251号1頁（倉敷青果事件第1次上告審）などがあります。この判例のように，従前は，借入れの目的よりも債務免除に至った経緯が重視さ

れてきたといえます。これに対し，本判決は，当てはめのレベルでも，債務免除に至った経緯はいずれの借入金についても同じであるのに，元の借入れの目的に応じて所得区分が異なる結論となっており，借入れの目的にかなりウエイトを置いて判断しているように読めます。

　また，不動産所得の範囲については，従前の主な下級審裁判例は，不動産等を使用収益させる対価として受け取る利益又はこれに代わる性質を有するものと狭く解し，付随収入等は含まれないと解してきました（名古屋地判平成17年３月３日判タ1238号204頁，東京地判平成22年３月26日税資260号順号11407，前掲東京高判平成28年２月17日）。しかし，不動産の貸付けにより発生したと評価できる所得であれば付随収入も含まれるとの解釈を示した裁判例（東京地判平成26年９月30日税資264号順号12536）もあったところで，本判決もこれと同様の判断を示したものといえます。

佐藤：安田先生も引用されている航空機リース取引に係る債務免除益が問題となった裁判例（前掲東京高判平成28年２月17日）では，債務免除益が不動産所得に該当しない理由として，不動産所得に関する所得税法の条文の文理も挙げられていたと思います。本書でも取り上げている租税法規の文理解釈の原則からは，納得感がありました。この点，本判決は，不動産所得，事業所得に係る所得税法の条文の文理は重視していないのかもしれません。このあたりについて感想をお聞かせください。

安田：本判決も，不動産所得に付随収入も含まれると解する根拠として，不動産所得について規定する所得税法26条２項が「収入金額」ではなく「総収入金額」という文言を用いていることを挙げており，条文の文理を考慮しようとはしていると思います。ただ，「総収入金額」という文言からは，収入が複数あることが想定されていることは読み取れるものの，付随収入まで含む趣旨を読み取るのは困難です。むしろ，「不動産所得とは，不動産，不動産の上に存する権利，船舶又は航空機……の貸付け……による所得をいう。」（所得税法26条１項）などの法令の規定の文理解釈としては，航空機リースに関する裁判例のように不動産所得の

範囲を狭く解するのが自然であり，おっしゃるように，本判決は文理解
釈として無理があるという批判が当たると思います。

佐藤：一時所得に該当するとされた部分は，債務免除益全体からすると，
どれくらいの割合でしょうか。それなりに大きな割合が一時所得とされ
たとすれば，（不動産所得又は事業所得とされた部分もあるとはいえ）実質
的には納税者の主張が認められたとも捉えうるような気がします。その
点を含め，安田先生は，本件は，納税者サイドの的確な事実の主張・立
証によって勝訴した事案とお考えでしょうか。

安田：納税者は，債務免除益427,893,378円（＝一時所得金額213,696,689円×
2＋特別控除額500,000円）の全部を一時所得として修正申告していたと
ころ，うち377,752,702円（＝一時所得金額188,626,351円×2＋特別控除額
500,000円）が一時所得と認定されましたので，全体の約88.3％が一時所
得と認定されたことになります。実質的にも，納税者の（「全面勝訴」で
はないものの）「勝訴」と評価してよいと考えます。

　納税者勝訴の要因としては，不正融資を受けて償還を滞らせ続けた
「継続的行為」により生じた所得である等という課税当局の主張にもと
もと無理があった面もありますが，租税訴訟で納税者が勝訴するために
は，単に課税当局の個々の主張に反論するだけでは足りず，納税者側の
ストーリーを丁寧に示す必要があると思います。この点，本件において
は，納税者側が，債務免除益が偶発的に生じたものとなぜいえるのかに
ついて，当該債権の処理が合併の支障となった経緯を丁寧に主張・立証
したことが勝訴につながったと考えます。

(4)　**金地金スワップ取引事件**（名古屋高判平成29年12月14日税資 267号順号13099）

ア　事案の概要

　本件は，貴金属取扱業者との間で，自らが所有する金地金の交換（ス

ワップ）契約と，これにより取得した金地金の保管を委託する契約を締結した場合に，譲渡所得（所得税法33条１項）が生じるかが争われた事件である。

　Ｘ（原告・控訴人）は，自らが保管していた金地金（本件金地金）をＡ株式会社（Ａ）が運営する店舗に持ち込み，金の購入保管に係る契約（本件契約）を締結した。本件契約では，顧客がＡと本件契約を締結することができるのは，①本件契約の締結と同時に，顧客が同社から初回の売買取引により金地金を購入して初回の保管取引を行う場合，②本件契約の締結と同時に，顧客が所有する金地金を初回のスワップ取引により同社が製錬した金地金と交換し，当該交換した金地金について保管取引を行う場合（本件交換・保管取引），の二つの場合である旨定められていた。ＸとＡとの取引は，この②の取引であった。

　Ｘが期限内に提出した確定申告書には，本件契約に基づく取引による譲渡所得の記載がなかったところ，課税庁は，本件契約に基づく取引が譲渡所得に係る所得税の課税対象となる「資産の譲渡」（所得税法33条１項）に当たるとして，更正処分及び過少申告加算税の賦課決定処分を行った。

　第一審判決（名古屋地裁）は，本件契約の法的性質は，顧客とＡとが互いの金地金の所有権を相手方に移転する民法上の交換と，顧客が交換で取得した金地金の保管をＡに委託する民法上の寄託（混蔵寄託）を組み合わせた混合契約で，交換によってＸの金地金の所有権がＡに移転し，その対価（反対給付）としてＸに所有権が移転したＡにて製錬した金地金をもって，Ｘが金地金を保管期間中に抽象的に発生していた増加益が具体化されたといえるから，交換取引によるＸ所有の金地金の移転は，所得税法33条１項に規定する「資産の譲渡」に該当するとして，Ｘの請求を棄却した。そこで，Ｘが控訴した。

イ　裁判所の判断

　名古屋高裁も，第一審判決と同様に，本件契約が交換と寄託（混蔵寄託）

の混合契約であるとする。しかし，第一審判決と異なり，「本件契約を締結し，本件交換・保管取引を行う顧客の目的は，特定の金地金をＡに預けて保管してもらうというのと等しいのであって，控訴人自身もそのような目的であったと主張しているところである。」また，「Ａにおいても，本件交換・保管取引は，顧客から金地金を預かり，これと同質かつ同重量の金地金を返還するというのと同様であると認められるから，実質的には特定の金地金を預かりこれを保管するというのと同様であるといえる。したがって，本件契約のうち，本件交換・保管取引は，交換と寄託（混蔵寄託）からなる混合契約の形をとっているものの，スワップ取引部分に係る交換は，寄託（混蔵寄託）をするための単なる準備行為にすぎず，本件交換・保管取引は，実質的には寄託（混蔵寄託）契約であると認めるのが相当である。」とした。

　そして，「本件交換・保管取引は，実質的には寄託（混蔵寄託）契約であり，所得税法33条１項に規定する『資産の譲渡』に該当しない」と判断した。

ウ　判決のポイント

　本件では，①本件交換・保管取引の法的性質をどのように理解すべきか，ということと，②①を前提にして考えた場合，本件交換・保管取引において所得税法33条１項の「資産の譲渡」があったといえるか，の２点が問題となる。

　まず，①についてみると，本件交換・保管取引は，本件金地金をＡが製錬した金地金と交換し，その交換した金地金をＡにおいて保管するというものであるから，理論的，形式的に見れば，交換契約と寄託（混蔵寄託）契約の混合契約ということになろう。したがって，第一審判決及び高裁判決が本件契約を混合契約と判断したこと自体は，特に不自然，不合理とは言い難いように思われる。

　もっとも，上記イで引用したとおり，当事者間においては，本件交換・

保管取引の目的は，Ｘが特定の金地金をＡに預け，Ａにおいて保管することに等しく，交換は，その前提として行われているにすぎない。つまり，Ｘ−Ａ間の取引全体から見れば，本件交換・保管取引で重要なのは保管取引であって，交換自体に経済取引上の意味はあまりないということができる。

　このような事情を踏まえ，高裁判決は，本件交換・保管取引が形式的には混合契約であるとしつつ，実質的には寄託（混蔵寄託）契約と判断したものと考えられる。

　なお，貴金属取扱業者が一般顧客から金地金を買い戻す場合，偽物や不正確なものが混入するリスクを避けるため，当該金地金を溶解し，確かな品位の金を新しいものに加工し直すようである。認定された事実からは必ずしも明らかではないが，Ａが顧客持込みの金地金とＡの製錬した金地金の交換を行うのも，このような事情によると思われ，やはり，交換には経済取引上の意味はないといえよう。

　次に，②の点について，高裁判決は，上記イのとおり，本件交換・保管取引が実質的には寄託（混蔵寄託）契約であるから「資産の譲渡」に当たらないと述べるのみである。

　この点，資産の「譲渡」とは，「有償無償を問わず資産を移転させるいっさいの行為をいう」とされているところ（最判昭和50年５月27日民集29巻５号641頁），民法上，混蔵寄託によっては所有権が移転しないという解釈を前提にすれば，本件交換・保管取引を実質的に混蔵寄託契約であると捉える以上，実質的には本件交換・保管取引で資産は移転しておらず，資産の「譲渡」がなかった，ということになると思われる。

　以上のとおり，高裁判決は，①の点（本件交換・保管取引の法的性質をどのように理解すべきか）を中心に検討し，交換契約と寄託（混蔵寄託）契約の混合契約という法形式面を崩すことなく，実質的には寄託（混蔵寄託）契約と判断し，所得税法33条１項の資産の「譲渡」には当たらないと結論づけて具体的妥当性を図ったと見ることができる。混合契約という法形式

を重視して結論を導いた第一審判決の考え方も理解できなくはないが，法形式も意識しつつ，取引全体の構造を踏まえた実質的な判断を行った高裁判決のほうが適切であるといえよう。

　ただし，本件はあくまで事例判断であるから，高裁判決の射程がどこまで及ぶかについては，慎重な検討が必要であろう。

～ディスカッション～

佐藤：本件は，貴金属をめぐる少し特殊とも見える取引について課税上の取扱いが裁判で争われた，興味深い事例だと思います。

　高裁判決が，形式的には混合契約であっても実質的には寄託契約だと判断したことは，課税当局の伝統的な考え方である「実質課税」，すなわち，法的性質は脇において経済的実態を見て課税する，という考え方にも通ずるものがあるようにも思えます。しかし，実際にはおそらくそうではなく，「法的性質そのものを実質的に判断する」というスタンスの判決なのだろうと思います。この点について，向笠先生の感触をお聞かせください。

向笠：私も，本判決は，本件契約の取引関係をしっかりと把握した上で法的性質を実質的に判断した，ということがポイントであると考えています。取引関係の把握というのは，言葉を変えれば，契約当事者間における真の合意内容がどのようなものであるかを把握する，ということかと存じますが，本判決が契約書の規定だけでなく，「本件契約を締結し，本件交換・保管取引を行う顧客の目的」といった事情にも着目したのは，まさに本判決が法的性質を実質的に判断したことの表れであるように思います。

　少し横道に逸れるかもしれませんが，取引構造や当事者間の真の合意内容を正確に把握して，法的性質を実質的に判断するには，契約書の規定だけでなく，契約締結に至る経緯や，本判決のように，契約締結の目的，といったさまざまな事情を総合考慮するのが重要だと思います。そ

のような総合考慮をしているケースとして，本書でも取り上げている岡本倶楽部事件（前記Ⅰ2(2)）や，最近の例で言えば，原告（バークレイズ銀行）の東京支店が発行した社債の利子の収益を実質的に享受している者が誰なのか，という実質所得者課税の原則（所得税法12条）が問題となり，結論として原告の主張が認められた東京地判令和4年2月1日裁判所ウェブサイトなどもあります。

　このような総合考慮をしている裁判例を読むと，裁判所がどのような事実から法的性質を実質的に判断しているのかが分かり，大変勉強になります。

佐藤：本件は事例判断である，とされているのは，「実質的に見て寄託契約である」という判断が少し大胆である，というご感触からでしょうか。私自身は，結果的に納税者が勝訴したから問題は少ない気もするのですが，課税する場合の理屈として本判決のような考え方が使われると，「実質課税」的なものとなりかねないリスクはあるのかなと感じています。このあたりについて，向笠先生の感想を教えてください。

向笠：藤田宙靖元最高裁判事のお言葉を借りれば，事例判断とは，その事案の具体的な事実を前提として，その限りで下された判断であり[17]，本判決は，本件契約の内容や本件契約締結時の事情を前提に，それらを前提とする限りでは，本件契約が実質的には寄託契約である，と判断したものと思われます。そのため，本判決は事例判断であると考えた次第です。

　本件契約は，法形式的には交換と寄託の混合契約であることは否定できないように思われるので，実質的には寄託契約という判断は，佐藤先生がおっしゃるとおり大胆であるように思います。もっとも，本判決が納税者勝訴の事件であることや，本判決を事例判断と捉え，その影響力（いわゆる判決の射程）が限定的であると考えれば，多少大胆な判断で

17　藤田宙靖「最高裁判例とは何か」横浜法学22巻3号（2014）294頁。

あっても他に与える影響が大きくないといえ，それほど大きな問題はないかと存じます。

　一方で，課税当局が本判決の論理を用いれば，佐藤先生がご懸念のとおり，実質課税になりかねないという問題はあろうかと存じますが，この点に関しては，岩瀬事件（東京高判平成11年6月21日判タ1023号165頁）が参考になるように思います。

　すなわち，岩瀬事件では，甲乙間で，それぞれが所有する土地を相手方に売買したところ，課税当局が，このようなことは通常は交換契約で行うべきであるのに，売買契約を用いるのはおかしいとして，実質的には交換契約であるとして課税処分を行いました。これに対して裁判所は，「租税法律主義の下においては，法律の根拠なしに，当事者の選択した法形式を通常用いられる法形式に引き直し，それに対応する課税要件が充足されたものとして取り扱う権限が課税庁に認められているものではない」と判示した上で，当該課税処分を違法としました。

　この岩瀬事件からすれば，課税当局が本判決の論理を用いて，当事者（納税者）が主張する法形式を勝手に読み替えるのは許されない，ということになるかと存じます。したがいまして，課税当局が，万一，本判決の論理を用いて予想外の法形式での課税処分を行おうとしている場合，税務調査段階で岩瀬事件などを引合いに出し，そのような課税は許されない，と主張していくことが重要であると考えます。

佐藤：国税不服審判所でのご勤務に際しても，さまざまな事案があったことと思います。一見特殊とも見える取引が問題になった場合，やはり，その業界の慣行なども審査請求人に聞くなどの方法によって調査して審理をされていたでしょうか。

向笠：この点はおっしゃるとおりですね。守秘義務との関係で具体例を挙げることができず，抽象的な説明になってしまいますが，一般的な感覚と言いますか，私の感覚からすれば，取引上明らかに不要な行為をしているケースや，書面が作成されてしかるべき場面であるのに口頭だけで

済ませているケースなどがありました。このような場合には，審査請求人や関係者に，なぜそのようなことをしているのか，それが業界慣行ということであれば，そのような慣行が存在するのはなぜか，業界慣行が分かりそうな資料はあるか，といったことを確認していました。

　また，先ほど挙げた岩瀬事件のように，特殊な業界慣行がないような当事者間での取引であっても通常とは異なることをしている，という場合もありました。このような場合も，なぜそのようなことをしたのか，ということを審査請求人に聞き，背景事情を確認していました。

　これは，租税事件に限った話ではないかもしれませんが，事実関係を正確に把握するには，やはり，その事件にはどのような特殊事情があるか，そして，なぜそのような事情があるのか，をしっかりと把握するのが重要なのだろうと思います。

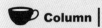

弁護士から租税法研究者に転じて

　筆者は，平成12年に弁護士登録をし，国税審判官就任の時期（平成23年〜26年）を挟んで20年ほど，企業法務・租税法務を専門とする弁護士を務めた。もっとも，筆者は学生時代から学者の道にも関心を持っていたこともあり，国税審判官退官後，審判所で感じたことをベースに，折に触れて論稿や書籍も執筆し，ご縁あって，令和4年，北海道大学法学部で租税法を担当する教授となり，現在に至っている。

　法学部では，憲法・民法・刑法等が基本科目であり，租税法は，応用科目に位置づけられる。法学部で租税法を教えていると，これらの基本科目のベースの上に租税法を位置づけ，租税法そのものの理解とともに，基本法の理解を深めてもらうということに配慮が向かう。筆者は，弁護士としてさまざまな法分野の実務経験を有しているので，租税法を通じて，租税法にとどまらない，法的なものの考え方を習得してもらうことに意を用いている。受講生たちと授業を通じて交流することは，筆者自身の考えを深める上でも有益であると感じている。

　また，研究者という立場になり，弁護士であったころにも増して，税理士の先生方との交流の機会が増えた。法学部の学生とは逆に，税理士は，税の専門家である反面，民法等の他の法分野については必ずしも詳しくない。筆者は，税理士との交流を通じて，実務現場で起こっていることに目を開かれると同時に，筆者からは租税法，より広くは法というものの考え方をお伝えすることもでき，有益な交流ができているように思われる。

　筆者が研究者に転じて日は浅く，これからも，学生，税理士，そして本書の共著者のような弁護士の皆さんと交流しつつ，学びを深めていきたい。

（佐藤修二）

国税不服審判所の
外部登用制度
—経験者による鼎談

　本章では，国税不服審判所における民間人登用の仕組み
について，経験者3名による鼎談を行う。制度拡大初期に
勤務した編著者（佐藤）を聞き役として，比較的最近に退
官した向笠・安田の2名が近年の現状を詳しく語っている。
国税不服審判所の実情をリアルに知ることのできる鼎談と
なっていることを期待する。

佐藤：この第2章では，国税不服審判所における外部民間人の登用制度に
　　　基づいて国税審判官を務めた経験を有する3人で，その実情について
　　　ざっくばらんに語り合ってみたいと思います。私は，外部登用制度の拡
　　　大初期の経験者で，向笠・安田の各氏は，より新しい時期の経験者です。
　　　私も，最近の実情については疎くなっているところもあり，私から向笠・
　　　安田の両氏に質問する形で話を進めていきたいと思います。

審判所の任期付職員制度

1 | 応募の経緯

佐藤：まず，審判所の任期付職員に応募した経緯をお聞かせください。
　　　私の場合は，2004年に留学先のハーバード・ロー・スクールで租税法
　　　を専攻し，2006年に帰国して西村あさひ法律事務所に勤務してから租税
　　　法関係の案件に携わる機会が増えていたところ，2011年から，当時の民
　　　主党政権の政策によって国税審判官の外部登用拡大の方針が示され，租
　　　税法の知識・経験を深めるのにちょうどよいと思って応募したものです。
向笠：私の場合，「ご縁があった」というのが実際のところです。私は，
　　　大学やロースクール時代に租税法を勉強しておらず，弁護士になってか
　　　らも，所属していた岡村綜合法律事務所で租税法関係の案件に携わる機
　　　会はほとんどありませんでした。そのような中，弁護士として数年経っ
　　　たある時に，審判所が任期付職員を募集していることを偶然知り，租税
　　　法の理論面と実務面について一から学ぶことができれば今後の弁護士業
　　　務に大いに役に立つのではないかと考え，思い切って応募しました。
安田：私も，もともと租税法を専門的に学んでいたわけではなく，租税法

関係の案件に携わる機会も多くなかった点は向笠先生と同じです。

　ただ，M&A，民事再生などの案件で，租税法に関連する問題について意見書を書いたり，税理士など税務の専門家と一緒に検討したりした経験はありました。その中で，税務全般についてアドバイスすることは，税理士のような広範な知識がないと難しい一方で，特定の論点について客観的根拠を示して意見調整したり，書面で説得や主張をしたりすることは，むしろ弁護士の得意分野であると感じるようになりました。審査請求では，まさに特定の論点について課税当局と納税者の見解の対立が顕在化し，紛争化した事案を扱うわけですので，弁護士として訴訟などで培ったスキルを活かしてお役に立てると考え，審判官の職に応募しました。

2 ┃ 勤務してみての感想

佐藤：実際に審判所に勤務してみての感想をお聞かせください。

　　私の場合は，東京国税局が調査を担当した大型事件や国際案件など興味深い事案に関与し，さまざまな知見を得ることができました。他方で，弁護士として租税法の実務経験を経た上で，国税庁の機関である審判所に勤務したという経緯から，自分のような法曹のものの見方と，国税職員からの出向で審判所に来られた方々との考え方のギャップは強く感じました。

向笠：私も，佐藤先生と同じように，租税法についてさまざまな知見を得ることができたと感じています。私が所属した東京支部は，資産課税部門，徴収部門，国際部門という専門部とそれらに属さない案件を処理する雑部門に分かれているところ，私は，幸いにしてそのすべてに属したことから，本当に幅広い事件に関与でき，多くのことを吸収することができました。

　　また，弁護士と国税職員から出向でいらした方との考え方のギャップについては私も実感しまして，端的に言えば，弁護士が理論にこだわる

のに対し，国税職員の出向の方は数字にこだわる，という違いがあったように思います。ただ，国税出身の方から，処分証書の法理の「よってした説」と「記載した説」の違いを説明してほしい，司法研修所の『問題研究　要件事実―言い分方式による設例15題―』を貸してほしい，などと言われたことがあり，国税出身の方，特に審判所では若手とされている審査官の方には優秀で勉強熱心な方が多いと感じていました。

安田：国税局・税務署出身者も，税理士・公認会計士出身者も，周りの税務専門家の知識・実務経験の豊富さは期待以上でした。いずれの事案でも，当局と納税者それぞれの立場からの考え方や，関連する制度，実務への影響など，本当にたくさんのことを教えていただきました。

　他方で，審査請求の審理そのものについては，通常の民事の紛争解決と同様のスキルが必要であるというのは思っていたとおりでした。たとえば，私が関与した審査請求事件では，消費税や当時のタックスヘイブン対策税制に関するものが特に多かったところ，前者では，消費税の課税や仕入税額控除の要件である「事業として対価を得て行われる資産の譲渡及び貸付け並びに役務の提供」に関する私法上の法律関係の認定が，後者では法令の規定の文理解釈が重要となります。このような事件で，課税要件に沿って主張整理をし，法令解釈についてリサーチする，事実を認定する，その結果を裁決書案の形に書き上げるということについては，弁護士としてお役に立つことができたと感じています。

　私は，この税務専門家と弁護士の考え方やアプローチの違いは，どちらがよいということではなく，どちらも必要で，単に役割分担の問題だと考えています。たとえば，医療過誤事件でも，医療の専門知識や実務については医師の協力が不可欠である一方，医師が弁護士を選任せずに本人で適切な主張・立証活動をしていくことは難しいと思います。審査請求における役割の違いもそれと似たようなものということで，適切に事件を解決するためには，税務の知識や経験に基づくアプローチと法的視点からのアプローチの両方が必要と考えています。

審判所の組織・手続の概要

1 | 審判所の組織

(1) 審判所とは

佐藤：まず，そもそも審判所とはどのような組織なのかについて簡単にご説明をお願いします。

向笠：審判所は，国税に関する法律に基づく処分（更正処分，決定処分，理由なし通知処分等）についての審査請求に対する裁決を行う機関です（国税通則法78条1項）。審判所のパンフレットによれば，税務行政部内における公正な第三者的機関として，公正な立場で審査請求事件を調査・審理して裁決を行うとされています[1]。

　図表1のとおり，国税局や税務署が国税庁の下にあるのに対し，審判所は，執行機関である国税局や税務署から分離された別の組織となっており，「特別の機関」という位置づけです（109頁参照）。その意味では，ある程度独立した立場にあるといえます。

　しかし，審判所も行政組織の一部で，「国税庁に，国税不服審判所を置く。」となっていますし（財務省設置法22条1項），現に，任期付職員の採用，任期更新，退職に関する人事異動の任命権者は，国税庁長官です。このように，純粋独立の第三者とはいえないけれど，税の執行機関である税務署や国税局とは切り離されているということから，第三者「的」ということなのかと思います。

1　国税不服審判所「審判所ってどんなところ？〜国税不服審判所の扱う審査請求のあらまし〜」（令和5年8月）https://www.kfs.go.jp/introduction/pamphlet/pdf/pamphlet1.pdf。

審判所は，東京の霞が関にある本部と，その下にある支部から構成されています（図表1）。支部は，各国税局の管轄区域ごとに設けられており，東京であれば東京支部，大阪であれば大阪支部などとなるのですが，名称は，「東京国税不服審判所」，「大阪国税不服審判所」などとされています[2]。

本部は，主に審判所全体の管理・運営を行っており，具体的な審査請求事件の調査・審理は各支部で行われ，任期付職員の配属も各支部となります。

本部の所長には，裁判官出身者が任用されており[3]，全くの余談ですが，司法修習時代に民事裁判修習でお世話になった方も本部の所長を務めておられました。その方が本部の所長であった時期と私が任期付職員として働いていた時期はずれていたので，審判所で直接お会いしたわけではありませんが，意外なところでお名前を見つけ，懐かしさと世界の狭さを感じました。

(2)　支部の組織

佐藤：では，次に，任期付職員が実際に配属される支部の組織についてのご説明をお願いします。

向笠：支部組織の中でも，特に重要と思われる首席国税審判官，合議体，そして法規・審査についてご説明したいと思います。

まず，国税不服審判所長が審査手続上有する権限のうち裁決権を除く権限は，原則として，各支部のトップである首席国税審判官（支部所長）に委任されています（国税通則法113条）[4]。したがって，担当審判官等の

2　国税不服審判所「国税不服審判所の50年」（2020年5月）122頁　https://www.kfs.go.jp/50th/pdf/history/history.pdf。
3　国税不服審判所・前掲注（2）38頁。
4　国税不服審判所・前掲注（2）122頁。

＜図表1：国税不服審判所の組織図＞

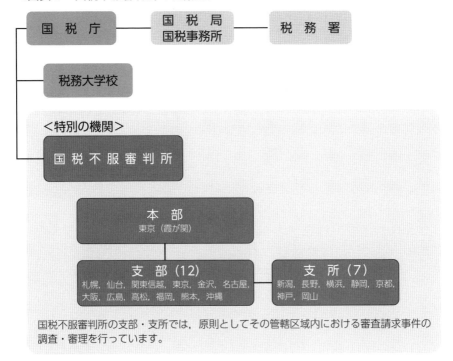

国税不服審判所の支部・支所では，原則としてその管轄区域内における審査請求事件の調査・審理を行っています。

出典：国税不服審判所ホームページ「審判所の概要」https://www.kfs.go.jp/introduction/index.html

　指定（国税通則法94条1項）も首席国税審判官が支部の国税審判官等の中から指定し，その結果，各支部において調査・審理が行われることとなります。

　基幹支部である東京支部と大阪支部の支部所長は，裁判官又は検察官の職にあった者が任用されます[5]。

　続いて，個別具体的な事件の調査・審理を行う合議体についてご説明します。前提として，審判所での官職は，大まかに言って，①事件の審理を中心に行う国税審判官，②国税副審判官，③国税審査官の三つがあ

5　国税不服審判所・前掲注（2）38頁。

り，合議体は，通常は担当審判官1名と参加審判官2名の3名で構成されます。「担当審判官」に指定されるのは国税審判官のみですが，「参加審判官」には国税副審判官が指定されることもあります（国税通則法79条1項，3項，94条1項）。担当審判官が参加審判官2名と協議をしながら調査・審理を進め，最終的には議決書という形で合議体としての見解をまとめますが，国税出身者である国税副審判官が参加審判官として合議体に加わることで，合議体を構成する3名のうち2名が国税出身者になる場合のほうが多くなります。そして，合議体メンバーではないものの，国税審査官が「分担者」と呼ばれる立場で，調査・審理の補助をする，ということになっています。

　私は，審判所に入った当初，このような合議体のメンバー構成から，「中立公正な第三者的機関とは言っても，やはり審判所は国税組織寄りなのではないか」という不安を持っていました。しかし，私が合議体を組ませてもらった方の多くは，「原処分庁（注：税務署長や国税局長）の誤りは審判所が是正しないといけない」，「取り消すべきものは取り消さないといけない」という感覚でしたし，実際に，合議体で議論をした際に，国税出身の方からも「これは取り消すべきだ」という意見が活発に出ていました。国税出身の方がいるからといって，必ずしも国税組織寄りというわけではないように思います。

安田：私も正直意外でしたが，国税出身者でも，一人ひとりの職員は，第三者として審理する，ということをしっかり意識されていた印象です。弁護士出身者としては，納税者の主張を支える根拠がないか検討するのと同じように，課税庁の主張についても，現状では無理筋のように見えても，論理や証拠を補強すれば維持できるのではないかと考えがちであるのに対し，十分な調査や検討を経ないままなされたと思われる課税については，国税出身者のほうがむしろ厳しい見方をされることがあったように思います。

向笠：最後に，法規・審査についてご説明します。法規・審査というのは，

合議体が行った議決について，法令解釈の統一性が確保されているか，議決書の文章表現が適正か，といった審査を行う機関です[6]。つまり，法規・審査は合議体メンバーではありません。

　ただ，法規・審査による審査は，処分に不服のある納税者（審査請求人）側が提出する審査請求書や反論書といった主張書面を含めた関係書類一式を確認した上で行われます。後ほどご説明するとおり，請求人は，合議体に対しては，請求人面談等で，その意図を口頭で直接説明できる機会がある一方，法規・審査に対してはそのような機会がありません。その結果，主張書面の内容が不明確であったり分かりにくかったりすると，法規・審査が議決を審査する際に，請求人の意図を正しく読み取ってもらえないというリスクがあります。

　審査請求をする納税者やその代理人としては，合議体以外に，調査・審理について審査等を行う機関があるということを知った上で，そのような合議体以外の関係者にも請求人の主張を正確に伝えるために，やはりしっかりと法的三段論法に則って，分かりやすく説得的な主張書面を書くということが重要です。

(3)　任期付職員について

佐藤：それでは，任期付職員についてもご説明をお願いします。

向笠：審判所のホームページによると[7]，外部の民間人を任期付職員として登用するようになったのは，平成19年7月からです。当初は採用人数も多くはなかったようですが，平成23年度税制改正大綱を受け，審判所における審理の中立性・公正性を向上させる観点から採用人数を大幅に増

6　国税不服審判所「審査請求よくある質問－Q＆A－」（令和5年8月）Q22　https://www.kfs.go.jp/introduction/pamphlet/pdf/pamphlet3.pdf。
7　国税不服審判所ホームページ「審判所の概要」https://www.kfs.go.jp/introduction/index.html。

やすこととなりました。そのころから年10名前後が採用されるようになり，令和5年に新たに採用された任期付職員は15名です[8]。

　国税通則法施行令31条1号によれば，任期付職員としての任命資格を有する民間人というのは，「弁護士，税理士，公認会計士，大学の教授若しくは准教授……で，国税に関する学識経験を有するもの」です。ただ，大学教授や准教授はほとんどおらず，実際には弁護士，税理士，公認会計士が採用されています。

　全国12の支部で勤務している任期付職員は，約50名で，各支部に最低1名は配属されており，東京支部には15名ほどが配属されています。

　審判官の主な業務は，担当案件の調査・審理，そして議決書の作成で，当然のことではありますが，任期付職員には，それまでに培った知識や経験を踏まえて業務を遂行することが求められます。その意味では，税理士の方や，税務に大きく関係する会計の知識のある公認会計士の方の実務でのご経験は，審判官としての業務を行うに当たって重要かと思います。他方，後で詳しくご説明しますが，調査・審理，そして議決書の作成のいずれの段階においても，事実認定の手法や法的三段論法に対する理解が重要になります。したがいまして，弁護士としての知識，経験も，税理士や公認会計士の方の経験に負けず劣らず重要であると思います。

安田：民間専門家からの国税審判官の採用実績を見ると，概ね弁護士5割，税理士3割，公認会計士2割といったところです[9]。税理士，公認会計士よりも弁護士が多く採用されていることからも，審査請求事件の調査・審理に当たって，法的三段論法などの法的思考，主張整理や法令解釈，事実認定に関する弁護士のスキルを重視する国税不服審判所の姿勢が窺えます。

8　国税不服審判所ホームページ「国税審判官（特定任期付職員）の採用について」（令和5年7月）https://www.kfs.go.jp/shinpankan_info/r5saiyo.html。

9　国税不服審判所のホームページで毎年公表される「国税審判官（特定任期付職員）の採用について」によれば，平成26年から令和5年までの累計で，弁護士78名（52.0％），税理士47名（31.3％），公認会計士25名（16.7％）。

2 | 審査請求の実際

(1) 審査請求の概要

佐藤：続けて，審査請求の実際について伺いたいと思います。はじめに，審査請求の概要についてご説明をお願いします。

向笠：審査請求手続の大まかな流れは，**図表2**のとおりです（次頁参照）。審判所の手続は，書面でのやり取りが中心で，最初に審査請求人，すなわち，処分に不服のある納税者が「審査請求書」を提出し，これに対して原処分庁，すなわち，税務署長や国税局長が「答弁書」を提出します。この答弁書に対して請求人が「反論書」を，それに対して原処分庁側が「意見書」を出す，といった形で書面の応酬が続きます。

　この主張のやり取りと並行して，担当審判官を中心に調査・審理を行います。そして，双方の主張が尽き，必要な調査・審理をひと通り終えた時点で，担当審判官が双方に対し，争点とそれに対するお互いの主張をまとめた「争点の確認表」というものを送り，争点について当事者と合議体との間で認識に齟齬がないかを確認します。

　その後，審理終結手続を経て，担当審判官・参加審判官3名の合議体が「議決」をし，法規・審査によるチェックの後に，本部所長が「裁決」をします（国税通則法98条）。

＜図表２：審査請求手続の流れ＞

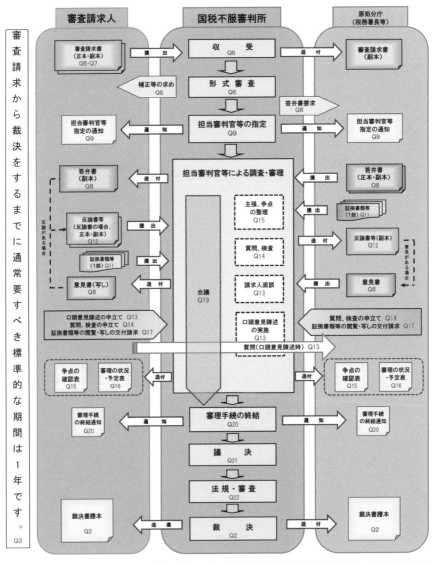

出典：国税不服審判所「国税不服審判所における審査請求手続（一般的な審理の流れ）」（令和
　　　５年８月）https://www.kfs.go.jp/introduction/pamphlet/pdf/leaflet2.pdf

(2)　調査とは

佐藤：では，各手続について詳しく伺いたいと思います。最初に，調査についてご説明をお願いします。

向笠：調査は，審判所による職権での証拠収集を主な目的とした手続です。各当事者は，訴訟手続と同じように証拠を提出できますが，審判所は行政組織であり，裁判所のような弁論主義の適用がないことから，担当審判官は，議決を行うために必要となる資料の収集を職権で行うことも可能です（国税通則法97条1項）。実際に，多くの案件で，積極的に職権調査を行っています。

　なお，一方当事者が提出した証拠，職権で収集した証拠のいずれも，他方当事者や各当事者に当然に開示されるわけではなく，閲覧や写しの交付を希望するのであれば，担当審判官に申し出る必要があります（国税通則法97条の3）。事実上，担当審判官が当事者双方に対し，相手方の提出証拠や職権で収集した証拠がある場合にはその旨を伝え，証拠の閲覧，写しの交付請求を促してはいますが，訴訟の場合，相手が提出した証拠は当然に受領できますので，弁護士である私からしますと，証拠の閲覧や写しの交付請求をしなくてはならないこと自体，最初は違和感がありました。

安田：請求人が提出した証拠について原処分庁が写しの交付を求める際に，証拠についてマスキングをする部分がないか意見を述べる機会が与えられますので，当然に相手方に交付されない仕組みになっていることで，請求人にとってもメリットがないわけではありません。ただ，訴訟実務との対比では，相手方が提出した証拠について写しの交付の手続をとらなければ内容を確認できないことは，やはり手間ではありますね。加えて，写しの交付までには数週間かかるため，その証拠に関する反論を行うまでにタイムラグが生じてしまう面もあります。

向笠：調査として主に行われているのは，①請求人その他の関係人等に対

する質問検査，②原処分庁調査，③現地調査です。

　これらについて少し詳しくご説明しますと，まず，①質問検査については，請求人，原処分庁その他の関係人等に対し，質問をしたり，証拠の提出を求めたりするものです。

　次に，②原処分庁調査というのは，税務署や国税局に赴いて，担当者に直接質問をしたり，関係書類を提示してもらい，その中に審理に必要と考えるものがあれば証拠提出を求めたりするものです。原処分庁は，多くの場合，主張書面に必要最小限度の証拠しか提出しないので，担当審判官の視点からすれば，審理にとって重要な証拠が提出されていない，ということもよくあります。このような場合に原処分庁調査を行うと，重要な証拠が見つかったりします。

　それから，③現地調査は，特に資産課税案件の中でも不動産の評価額が争いとなっているケースにおいて行われます。不動産の評価額の算定では，問題となっている不動産の形状（がけ地か，日照阻害や騒音がないか等），所在地，利便性（駅が近いか，近くにスーパーマーケットがあるか等）といったことが重要で，路線価図のような書面の資料だけでは判断できないことも多くあるので，現地調査が必要となります。

安田：①質問検査については，特に，原処分庁が請求人や他の関係者の供述を課税の根拠の一つとしている場合には，その供述者に対して審判所からも質問が行われることが多いです。

　質問に対する回答内容は，通常，質問調書や調査報告書として書面の形にまとめ，証拠化されます。供述証拠というのは，本来，正しく記憶していない，故意に嘘を述べる，表現・ニュアンスが誤って伝わるなど，誤りが入りやすく，その信用性と証拠価値について慎重なチェックが必要です。しかし，課税の現場では，そのようなチェックが十分になされないまま，供述証拠に依拠して課税がなされることも少なくありません。そこで，審判所では，課税の根拠とされているような供述については，担当審判官が職権で供述者に改めて質問を行って信用性等のチェックを

行います。その結果，課税の根拠とされた供述の信用性が否定されて原処分の取消しにつながるケースもしばしばあります。

　関係者に対する質問のやり取りの中で，重要な証拠となるような書類の存在が明らかになる場合もあり，その場合には職権でその提出が求められることになります。

(3)　審理とは

佐藤：次に，調査と並行して，又は調査を踏まえて行われる審理についてご説明をお願いします。

向笠：審査請求事件の「審理」は，合議体の合議による意思決定に基づいて行われます。この合議は，合議体の構成員である3名の担当審判官・参加審判官によって行われます。

　先ほどご説明したとおり，合議体は，さまざまな経歴を持った任期付職員や国税出身者によって構成されますので，それぞれが，自分の知識や経験を踏まえた多様な視点から意見を出し合います。このように多様な視点で議論をすることで，自分1人で考えていただけではとても思い付かないような考えが出てくることもあり，その意味では，合議体のハイブリッド構成というのは，非常によいものであると考えています。

安田：審理の基本的な考え方としては，「総額主義」と「争点主義的運営」が重要です。審査請求においては，処分時の処分理由にかかわらず，課税処分によって確定された税額が正しいか，ということが審理の対象となり，これを「総額主義」といいます。したがって，処分時の処分理由が誤っていたと判断される場合でも，別の理由で，確定された税額に誤りはないと判断される場合は，原則として課税処分は取り消されないこととなります。反対に，調査・審理の過程で，請求人が主張しておらず，争点になっていない税額の減額事由が見つかった場合は，争点外で課税の一部を取り消す判断がなされる場合があります。

　もっとも，審理の効率性と権利救済の観点から，請求人と原処分庁の主張が対立する争点を中心に審理する「争点主義的運営」が行われ，請求人に不利益な争点外事項については，積極的にこれを調査して認定することは原則として行わないこととされています。審査請求における審理の実務では，この「争点主義的運営」の観点から，主張・争点の整理が重視されています[10]。

　主張・争点の整理に当たっては，当事者の主張がどの課税要件に関するものであるのかを正しく認識し，その上で，法令解釈に争いがあるのか，事実に争いがあるのか，事実に争いがある場合は具体的にどの事実に争いがあるのかを整理していくことになります。

向笠：審査請求の審理は，原則として書面により行われる「書面審理」ですので，主張・争点の整理も，請求人が提出する「審査請求書」，原処分庁が提出する「答弁書」など，当事者双方が提出する主張書面を基に，どこに対立点があるのかを検討するのが基本です。

　ただ，書面のみでは当事者の主張の趣旨や課税要件との関係が明らかでない場合には，請求人や原処分庁の担当者と面談をし，口頭で主張を補充させることがあります。

　特に，請求人との面談については，基本的には全件で，できる限り早期に初回の面談を行う運用となっています。

安田：請求人との面談は，請求人にとっても，担当審判官が当事者の主張をどのように整理し，争点をどのように捉えているのかを早期に把握するための重要な機会です。面談では，請求人の主張の趣旨について担当審判官から質問があり，それに対する回答内容のうち，担当審判官が主張・争点整理にとって重要であると考える内容については，担当審判官が「釈明陳述録取書」という書面にまとめることになります。そこで行われる担当審判官の質問内容や，「釈明陳述録取書」に記載される内容

10　国税不服審判所・前掲注（2）39頁。

から，その時点での担当審判官による主張・争点整理の状況を把握することができます。

　主張・争点整理の結果については，担当審判官が「争点の確認表」を作成し当事者に交付します。この「争点の確認表」の内容についても，請求人は意見を述べることができます。しかし，「争点の確認表」が交付されるのは審理手続が終結される直前であり，その段階では，合議体による審理もほぼ尽くされていますので，請求人としては，請求人の主張の趣旨を十分に審理に反映してもらうためには，面談の機会を活用して早期に主張・争点整理の状況を把握し，必要に応じて軌道修正を図っていくことが重要となります。

向笠：また，請求人が口頭で原処分の取消しを求める理由など主張を補足する意見を陳述する機会として，口頭意見陳述（国税通則法95条の2）というものもあります[11]。この口頭意見陳述は，請求人から申立てがあった場合に，請求人，原処分庁の担当者双方に審判所に来てもらい，双方同席の下で実施されます。ただ，審判所は，口頭意見陳述での意見，質問及びその回答を直ちに当事者の主張や証拠として扱うことはなく，請求人がそれらを踏まえた主張や立証を行う必要があります。

　審判所は，書面審理が中心ですので，裁判手続と異なり，当事者双方が同じ日に呼び出されるといったことは，基本的にはありません。その中で，請求人，原処分庁の担当者が集まることとなる口頭意見陳述は，請求人にとって，原処分庁と対峙する貴重な機会であると思います。ただ，あまり積極的に利用されているとは言い難いように思われます。

　口頭意見陳述があまり利用されていない理由については，さまざまなことが考えられるかもしれませんが，平成26年の国税通則法改正により導入され，平成28年になって施行された比較的新しい制度で，認知度が低い，ということがあるかと思います。

11　国税不服審判所・前掲注（2）62頁。

安田：口頭意見陳述があまり利用されていない理由として，基本的に全件で請求人と面談を行う運用により，口頭意見陳述の目的のうち，書面による主張を口頭で補充するという目的がある程度代替されているということが挙げられます。

　もっとも，口頭意見陳述の手続には，原処分庁に対する質問，回答を通じて，攻撃防御の対象，つまり争点を明確にするという目的もあります。審査請求では，原処分庁側の書面作成担当者の訟務・審理経験が区々であり，原処分庁の主張と課税要件との関係が不明瞭な場合や，請求人の主張に対する原処分庁の明確な認否が得られない場合があります。そのような場合，担当審判官が原処分庁に対して釈明を求めるなどして適切に主張整理を行ってくれればよいのですが，請求人自身も，口頭意見陳述を申し立てて原処分庁に対して質問を行うことで，より積極的に主張整理に関わることができます。この点で，面談の機会が与えられるとしても，別途口頭意見陳述の申立てを検討する意味があります。

⑷　調査・審理における重要ポイント

佐藤：以上の調査や審理を行うに当たって重要となるのは，どのようなことでしょうか。

向笠：私が特に重要と感じたのは，やはりリーガルマインドです。すなわち，先ほど安田先生がおっしゃっていたとおり，審判所は，争点主義的運営を行っていますので，課税要件を踏まえて争点を絞り込む必要があり，その点からすれば，課税要件や課税要件を基礎づける事実（課税要件事実）を意識した調査・審理が重要になります。また，審判所は，原処分庁の処分について，①法令解釈（大前提），②事実認定（小前提），③当てはめ（結論）という法的三段論法に基づいた判断を行いますので，争点となる課税要件について，法的三段論法を踏まえた調査・審理も重要といえます。

　法的三段論法や課税要件を踏まえた分析は，法曹である弁護士が得意とするところではありますが，逆に言えば，国税出身の方や税理士や公認会計士出身の方がこれまであまり経験したことのないことだと思われます。そのため，審判所では，リーガルマインドについての知識等の底上げのため，初任者研修や定期的な研修で裁判官や検察官からの出向者による講義が行われたり，さまざまな教材やマニュアルが考案されたりもしています[12]。

　このように，審判所では，弁護士以外の方が法的三段論法，課税要件や事実認定に慣れ親しみ，うまく扱えるようにするための方策が充実していると思います。ただ，そうは言っても，多くの方にとっては，一朝一夕にリーガルマインドを理解するのは容易ではないと思いますので，弁護士である任期付職員によるフォローが重要であると思いますし，その点からして，審判所における弁護士の役割や存在意義は大きいと考えます。

安田：私も，審判所在籍中は，法令上の要件に沿って主張・争点を整理するということの重要性と難しさを改めて感じました。訴訟では，その道のプロである裁判官が主張・争点整理を行い，当事者の主張書面も代理人である弁護士が作成することが多いので，争点自体が不明確である，といったことは比較的生じにくいと思います。

　それに対して，審査請求では，請求人，原処分庁のいずれの側でも訟務経験者が書面作成に関与しておらず，担当審判官も十分な調査・審理経験を有していない場合もありうることもあって，そもそも主張・争点整理自体が難しいケースも少なくありません。そのようなケースでは，たいてい，審判所内部でも，調査・審理の方針について意見が分かれ，議論がかみ合っていませんでした。そういうときは，課税要件に沿って当事者の主張や審判所内部の関係者の見解を整理し直して，争点を具体

12　国税不服審判所・前掲注（2）146頁以下に研修内容等が紹介されている。

化・明確化するだけで，審理が円滑に進むようになります。その意味で，当事者の主張をかみ合わせるためにも，審判所内部で適切な合議・議論を行うためにも，課税要件に沿って主張・争点を整理するということは非常に重要だと考えていました。

　そのためには，法的三段論法など法的思考を身につけることが必要で，それは必ずしも容易ではないかもしれません。ただ，審判所でも，法的三段論法や課税要件に基づいた主張・争点整理や起案に関する研修などが行われていたこともあり，法曹以外のご出身でも，主張・争点整理について，法的視点からしっかりと意見を述べられる方もおられました。ですので，法曹でなくとも，主張・争点整理に必要な法的思考・スキルを身につけることは可能だと思います。

⑸　議決と裁決

佐藤：それでは，議決と裁決についてのご説明をお願いします。

向笠：裁決は，案件に対する審判所としての判断で，裁判における判決と同じような位置づけです。ただ，判決が実際に担当した裁判官名で出るのに対し，裁決は，審判所という組織としての判断であるため，本部所長名で出されます（国税通則法98条1項～3項）。したがいまして，実際に調査・審理を担当した合議体のメンバーの名は，裁決には出てきません。

　裁決の種類については，①原処分庁の処分が正しいというもので，納税者の負けを意味する「棄却」，②原処分庁の処分を取り消すというもので，納税者の勝ちを意味する「取消し」，③不服申立期間（国税通則法77条）の徒過のように形式的な要件を満たさない，いわば門前払いの「却下」があります。①の「棄却」の場合，納税者は，その結果に不服があれば，一定期間内に取消訴訟を提起することができます（行政事件訴訟法14条1項）。②の「取消し」には，処分の全部取消しと一部取消しがあります。裁決は，行政部内における最終判断であり，関係行政庁を

拘束するので（国税通則法102条），原処分庁は，取消裁決に不服があったとしても，訴訟を提起することはできません。

安田：「取消し」の場合に原処分庁が訴訟提起できないというのは，救済手段としての審査請求の最大のメリットですね。訴訟になると，結果として処分が取り消されるとしても，上訴を経て取消判決が確定するまでには，通常2〜3年程度はかかることが多いですが，審査請求は1年以内処理が原則で，取消裁決の場合にはそれで取消しが確定するというのは大きいと思います。

向笠：次に議決についてご説明します。裁決は，「議決に基づいてこれをしなければならない」（国税通則法98条4項）ので，議決をベースにします。

　議決をベースに作成されている裁決の具体例については，審判所が公表している裁決事例[13]をご覧いただければと思いますが，裁決書は，概ね次のような民事事件の判決書と同様の構成となっています（次頁参照）。

　裁決書，そしてその前提となる議決書の構成が判決書と共通していることから，弁護士にとっては，議決書の作成は比較的とっつきやすいかと思いますが，弁護士以外の方にとってはあまり馴染みがないため，どうやって作成すればよいか悩まれることが多いように思います。そのため，議決書作成の場面においても，弁護士としての知識や経験を踏まえたフォローやアドバイスが求められることが多かったです。

安田：そもそも，典型的な民事判決書の構成が，争点主義を前提に主張・争点整理の結果を記載した上，法的三段論法に即して「法令解釈」（大前提）に「認定事実」（小前提）を当てはめるという構成になっています。議決書や裁決書もそれと同じ構成になっているので，この構成に従って判断過程を記載することで，議決書や裁決書の内容が法的三段論法に即したものとなることが形式面から担保されているといえます。

13　国税不服審判所ホームページ「公表裁決事例」https://www.kfs.go.jp/service/JP/index.html。

主文

〔審査請求を棄却する／原処分の一部を別紙「取消額等計算書」のとおり取り消す／原処分の全部を取り消す〕

理由

1　事実
（1）事案の概要
（2）関係法令等
（3）基礎事実
2　争点
3　争点についての主張

原処分庁	請求人

4　当審判所の判断
（1）法令解釈
（2）認定事実
（3）検討（本件への当てはめ）
（4）原処分庁の主張について／請求人の主張について
（5）原処分の適法性について
（6）結論

---

3 ｜ 審査請求の処理状況とその分析

(1) 審査請求の処理状況

佐藤：それでは，審査請求の処理状況について伺いたいと思います。まず，審査請求の発生件数や認容割合，つまり，実際に取り消される割合についての説明をお願いします。

向笠：審査請求は，一事務年度で大体2,500件から3,000件程度発生しているという状況で，審判所が公表しているデータによれば，平成30年度から令和4年度は，**図表3**のとおりです。令和2年度は，新型コロナウイ

ルス感染症の流行によって税務調査が減少し，原処分庁による処分も減少した結果，審査請求の件数も他の年度に比べて特に少なくなったと言われています。当時，私は東京支部で任期付職員として勤務していましたが，確かに新件の数が極端に少なかったように記憶しています。

<図表3：審査請求の発生状況>　　　　　　　　　　　　　　　（単位：件）

区分	課税関係						徴収関係	合計
	申告所得税等	源泉所得税等	法人税等	相続税・贈与税	消費税等	その他		
H30年度	1,038	49	557	185	1,114	8	153	3,104
R元年度	772	49	505	135	961	5	136	2,563
R2年度	754	42	329	179	830	6	97	2,237
R3年度	770	53	538	157	858	14	92	2,482
R4年度	829	46	550	111	1,235	54	209	3,034

出典：国税不服審判所ホームページ「令和4年度における審査請求の概要」（令和5年6月）
（https://www.kfs.go.jp/introduction/demand_r04.html）をもとに作成

　次に，審査請求における認容割合，すなわち，全部取消し又は一部取消しという形で請求人の主張が受け入れられた割合は，大体10％前後という状況で，審判所が公表しているデータによれば，平成30年度から令和4年度は，**図表4**のとおりです。令和3年度が13.0％であったのに対し，令和4年度は7.1％だったようです。

　この認容割合が10％前後というのが低いか高いかは人によって評価が分かれるところかと思いますが，私は，決して高くはないと思いますし，正直に申し上げて，取り消されるべきではないかと思うような案件もありました。

<**図表4：審査請求の処理状況**>　　　　　　　　　　　　（単位：件）

区分	全部認容	一部認容	棄却	却下	取下げ	計	認容割合
H30年度	77	139	2,310	136	261	2,923	7.4%
R元年度	90	285	1,989	134	348	2,846	13.2%
R2年度	65	168	1,803	93	199	2,328	10.0%
R3年度	160	137	1,566	98	321	2,282	13.0%
R4年度	72	153	2,263	385	286	3,159	7.1%

出典：国税不服審判所ホームページ「令和4年度における審査請求の概要」（令和5年6月）
（https://www.kfs.go.jp/introduction/demand_r04.html）をもとに作成

安田：審査請求の認容割合が10％前後というのは，低いと言われていることが多いと思います。さらに言えば，これは一部認容も含めた割合で，一部認容には，争点外での少額の計算誤りなどによる取消しも多く含まれています。全部認容の割合は例年2～3％程度で，こちらの割合のほうが実質勝訴といえる割合に近いかもしれません。

(2)　認容割合が低い理由

佐藤：認容割合が低い理由としては，どのようなことが考えられますか。

向笠：理由としましては，審判所側の事情と，請求人側の事情があるように思います。

　まず，審判所側の事情というのは，審判所が行政組織であるという点です。審判所制度の目的は，第三者的機関として，中立公正に判断を行うことで請求人の権利利益の救済を図るということのみならず，税務行政の適正な運営確保に資することの2点であるとされています[14]。そして，後者の目的から，国税組織としての統一的立場を意識し，同種案件

14　国税不服審判所・前掲注（2）31頁。

があると，それと同じような結論を出す傾向があるように見受けられます。

　次に，請求人側の事情というのは，請求人の主張の仕方という点ですが，これを説明する前提として，審査請求の申立てについて簡単に説明します。

　審査請求は，無料で行えますし，また，申立てに必要な審査請求書は，審判所のホームページに載っている書式に従って記載すればよいので，裁判所に訴訟提起をする場合に比べ，請求人本人でも申し立てやすいように思います。さらに，平成26年の国税通則法改正前は，処分に不服がある場合には，まずは当該処分を行った原処分庁に異議申立てを行い，その後に審査請求を行うという制度であったところ，平成26年改正が施行された平成28年以降は，**図表5**のとおり，審判所に直接審査請求を行うことが可能になりました（129頁参照）。審判所では，これを「直審」と呼んでいますが，直審が可能になった結果，審判所への申立てがより行いやすくなったように思われ，令和4年度の場合，新規の請求事件3,034件のうち約73％の2,218件が直審だったようです[15]。

　ちなみに，平成26年改正により，異議申立ての名称は，「再調査の請求」に変更されました。国税出身の方の中には，「再調査の請求」というと，自分にとって不利益な処分をした原処分庁に調査をもう一度お願いする，というイメージが強いからか，再調査の請求が利用されない傾向があるとおっしゃる方もいました。これが本当かは分からないですが，ただ，原処分庁を信頼できず，直審を選ぶというのは，十分ありうる考えであると思います。

　このような，無料であること，本人での申立てが容易であること，直審が可能であること，といった点は，審査請求制度を利用しやすいという意味ではよいとは思います。しかし，その反面，税務調査に対するク

15　国税不服審判所ホームページ「令和4年度における審査請求の概要」（令和5年6月）
　https://www.kfs.go.jp/introduction/demand_r04.html。

レームや，「そもそも税制がおかしいのだ」というような主張を行うだけで，課税要件に沿った主張がなされていない審査請求も広く受け付けてしまう，という状況になっている現実もあります。

　先ほど，審判所においても法的三段論法が重要であると申し上げたとおりですが，そうだとすると，請求人側でも，取消しを目指すのであれば，課税要件に沿った整理を行い，何を争うのかを明確にしないといけないように思われます。逆に言うと，このような課税要件に沿った整理がなされないまま行われた審査請求が多いことから，棄却件数が多くなってしまい，結果として認容割合が低下してしまう，ということにつながってしまうのではないかと考えます。

安田：審査請求では，訴訟とは異なり，弁護士が代理人に就くケースが多いわけでは必ずしもありません。そもそも代理人を選任しないで本人自ら審査請求するケースも相当数ある上，代理人が選任されるケースでも，弁護士よりも税理士が代理人となるケースが多かったように思います。

　代理人を就けずに本人自ら審査請求をするケースでは，向笠先生がおっしゃった税務調査に対する苦情のほか，信義則違反や権利濫用といった，通常認められにくい一般規定の違反を主張するケースが相当数あります。

　また，税理士が代理人に就くケースでも，課税の問題点を鋭く指摘されているものの，それが課税要件に沿ったものとなっていなかったり，事実認定の争い方が十分でなかったりするケースがあります。審査請求では，事実認定を争うことが最も重要ですが，そのような事実認定の作業自体，法曹以外の方にはなかなか馴染みがないのかもしれません。

　以上は請求人側の事情ですが，審判所側の事情として，取消裁決を出すことについて心理的，手続的にハードルが高いということが指摘できると思います。取消裁決を出すと，それで判断が確定してしまい，原処分庁は訴訟を提起して争うことができません。しかも，取消裁決は原則公表され，社会的影響が大きいものです。そのため，取消裁決を出すこ

＜図表5：不服申立制度の概要図＞

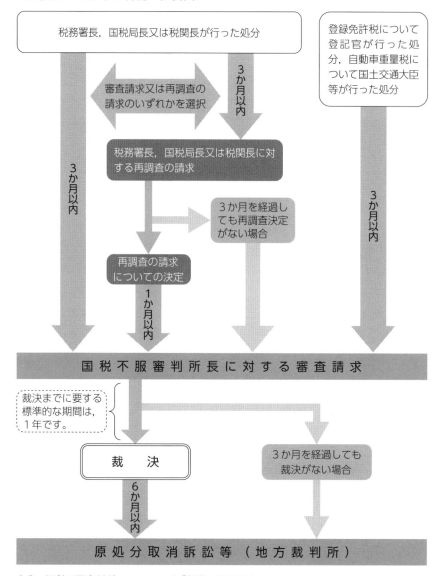

出典：国税不服審判所ホームページ「制度の概要図」https://www.kfs.go.jp/system/diagram.html

とについては，より慎重になる傾向にあるのではないかと思います。

(3)　取消理由の分析

佐藤：審判所に取消裁決を出してもらうには，これまでにどのような理由
で取り消されているのかを分析するのも重要かと思います。そこで，こ
の点についてのご説明をお願いします。

向笠：審判所が公表している令和2年1月（裁決事例集№118）から令和5
年6月（裁決事例集№131）までの直近約3年半の裁決事例[16]を見てみる
と，取消裁決のうち事実認定の誤りを理由に処分が取り消されたものが
大半です。

　取消理由について，法令解釈の誤りよりも事実認定の誤りのほうが多
いのは，単純に，事実認定の誤りを争う事案のほうが多い，ということ
があるかもしれません。しかし，それ以外に，弁護士の視点からします
と，少し強引な事実認定がなされた処分が多いことも原因であるように
思います。

　たとえば，供述の信用性について，先ほど安田先生もおっしゃってい
たように，弁護士であれば，客観証拠との整合性，供述内容の一貫性・
合理性，変遷があった場合における変遷の理由，虚偽供述の動機がある
か，といった総合的な観点で判断するかと思います。しかし，「答弁書」
等における原処分庁の主張からすると，必ずしもそのように判断してい
るとは思えず，納税者に不利，つまり，処分をするに当たって有利な供
述は比較的容易に信用性を認め，納税者に有利な供述については，十分
な検討もせずに信用しない，といった傾向があるように思われます。客
観証拠についても，やはり，処分に有利に働くような強引な評価をする
ことがあるように思われます。

16　国税不服審判所ホームページ・前掲注（13）。

　事実認定は，弁護士が精通し，経験も多く積んでいる分野です。一方，税務署や国税局においても処分に際して課税要件事実の認定を行うので，その意味では，国税組織の方も，事実認定については一定の経験があるといえます。その結果，現場で実際に事実認定を経験し，かつ，「行き過ぎた処分は審判所で取り消さないといけない」という気概をお持ちの方が多いからか，国税出身の方も審判官として中立公正な立場で見たときに，さすがに強引だな，という事実認定に基づく処分については，比較的取消しを行いやすいのではないでしょうか。

　これに対して法令解釈については，そもそも審判所が行政組織であり，法令解釈を専門に取り扱っているわけではありませんし，国税出身の方も，現場では法解釈は通達に従うことがほとんどで，法解釈を争うという経験がないと思われることから，法律問題について判断を下すのに躊躇してしまうように見受けられます。特に，租税法ではなく民法等の他の法律の解釈が問題となった場合には，それが顕著であったように感じます。

　以上のような状況を踏まえると，事実認定の誤りが問題となるケースにおいては，法令解釈が問題となるケースに比べて取り消される可能性があるといえるように思います。裁決には原処分庁に対する拘束力があり，原処分庁は，取消裁決を争うことができませんので，早期の解決を図ることができるという点からしますと，特に事実認定の誤りが争点となる案件について審査請求を行うメリットは大きいと言える気がします。

　これに対し，法令解釈が争いとなるケースの場合も，取り消されないわけではないので，審査請求が無意味とまでは思いません。ただ，時間をかけても仕方のないケースというのもあるように思います。たとえば，すでに類似の先例裁決がある場合，先例裁決と同様に棄却となる可能性が高く，それにもかかわらず裁決が出るまで待つのは時間と手間の無駄であるように思います。

　租税訴訟は審査請求前置主義ですが，審判所が３か月以内に裁決を出

さないときは，裁判所へ提訴を行うことができるとされていますので（国税通則法115条1項1号），今のようなケースではこの方法で取消訴訟を提起したほうがよいと考えます。最近の例でも，エー・ディー・ワークス事件（最判令和5年3月6日民集77巻3号440頁）では，この国税通則法115条1項1号に基づき取消訴訟を提起しているようですが，これは，類似事件であるムゲンエステート事件（最判令和5年3月6日判タ1511号104頁）の審査請求がすでに棄却されていたことから，審査請求で争ってもしょうがない，と判断したのではないか，と推測します。

　いずれにしましても，原処分庁から受けた処分について不服がある場合，法令解釈と事実認定のいずれに問題があり，何を争点と考えるべきか，課税要件に沿ってどのような主張を行うべきか，といった戦略を練る必要があるといえます。審査請求が，納税者自身による申立てのハードルが低いといえるものの，やはり請求人自身でこのような戦略を練って申し立てるのは，なかなか困難であるように思いますので，弁護士に相談し，代理人として活動してもらうのがよいように思います。

安田：私が令和元年に国税審判官を退官した後の取消裁決はすべてチェックしていますが，争点外での計算誤りによる取消しが全体の2～3割弱ほどあり，それ以外は，時価評価の誤りなども含めれば，ほとんどが事実認定の誤りを理由とするもので，原処分庁と異なる法令解釈を示して原処分を取り消した裁決はごくわずかしかありません。

　事実認定による取消しが大半を占める背景にある事情として，まず，法令解釈を理由に取り消すと，他の事案への影響が大きいことが挙げられると思います。課税処分は，大量に，かつ，繰り返しなされますので，法令解釈を理由に処分を取り消すと，同様の法令解釈に基づいてなされた他のたくさんの処分もすべて取り消さなければならない，ということになりかねません。他方で，事実認定を理由に処分を取り消しても，直ちに他の事案に影響が及ぶことはないので，当該事案における納税者の救済として取消裁決を出しやすいという面があると思います。

　また，現場の税務職員に事実認定に関する専門的な知見がないことがあるため，事実認定を誤りやすいということも挙げられると思います。最も多いのが，仮装・隠蔽の故意を認めるだけの客観的証拠がないのに，供述証拠に過度に依拠して重加算税を課してしまったケースです。そのほか，契約当事者の認定，対価性の認定，引渡時期の認定など，私法上の法律関係の認定を誤ったケースもあります。審判所には，裁判官・検察官・弁護士といった法曹出身者や，租税訴訟の経験のある審理系統の国税職員も多く勤務しているため，事実認定の誤りが是正されるケースが多いのだと考えられます。

4 ┃ 主張・立証のポイント

佐藤：納税者代理人として実際に審査請求に携わる場合を念頭に置いて，主張・立証のポイントについてお考えをお聞かせください。

向笠：これまでにお伝えしたことと重なることが多いかもしれませんが，まずは，課税要件に沿って争点を絞り，どのような主張をするかをしっかりと考えることが重要かと思います。また，原処分庁による課税要件事実の認定には，粗い部分があることも多いので，事実関係を争うことも重要であると思います。

　そして，審判所が書面でのやり取りが基本であることからして，主張書面は非常に重要であると思います。私は，司法修習生の時に，とある裁判官から，「裁判官の多くは，訴状を読んだ段階で，スジのよい事件かどうかをある程度判断する。だからこそ，訴状で原告の主張やストーリーを明確に示すのが重要だ」と言われましたが，これは，審査請求でも同様であると考えます。実際に，ストーリーが明確な審査請求書を読むと，事件のポイントや請求人の主張内容がはっきりするので，その後の調査や審理に与える影響は大きかったように感じています。

　このようなことからして，審査請求書で納税者側の主張を明確に示す

ことが重要で，そのためには，法的三段論法や課税要件に沿って整理した内容にする必要があるといえます。

　さらに，主張を明確に示すという意味では，「争点の確認表」の有効活用ということがあろうかと思います。「争点の確認表」は，争点とそれに対するお互いの主張をまとめたもので，調査・審理をひと通り終えた時点で担当審判官が作成し，当事者双方に送付します。そして，「争点の確認表」の内容で特に問題がなければ，議決書もその整理内容を前提として作成することになります。

　「争点の確認表」は，私も審判官として作成し，当事者それぞれの主張を漏れがないようにまとめてはいましたが，当事者からすれば重要と考えるものが記載されていない，ということもあろうかと思います。申し訳ないことに，私も何度かそのようなことで当事者から修正のご要望を受けたことがあります。「争点の確認表」は，担当審判官が当事者のストーリーを正しく理解できているかをチェックする機会ですので，正しく理解できているか怪しいと感じた場合には，積極的に訂正を求めるのが重要であるといえます。

安田：通常の民事事件でも，租税事件でも，訴訟において勝訴判決を得るためには，裁判所がこちらを勝訴させる判決を書きやすいように主張・立証を展開していくことが重要であると考えています。裁判所が判決を説得的に書けるか，という視点抜きに，原告の言い分を何でもかんでも主張・立証しようとすると，どの主張が争点との関係で重要で，どの主張を採用すべきであるのかが裁判所にとって分かりにくくなり，裁判所が請求認容判決をイメージしにくくなります。

　審査請求でもそれは同じで，審判所からの見え方も想像しながら，審判所が請求認容裁決を書きやすいように主張・立証を展開していくことが重要と考えています。請求認容裁決では，争いのない事実や証拠上明らかな事実が「基礎事実」として記載され，課税要件に沿った主張・争点整理の結果が示された上，法的三段論法に則って，法令解釈，事実認

定，当てはめを経て請求認容に至る判断過程が示されます。

　したがって，納税者代理人としては，まず，何が争いのない事実であり，課税要件に沿って当事者の主張・争点を整理するとどのようになるかを分かりやすく示していくことが重要です。そのためには，私も，「争点の確認表」に対し，納税者の主張が反映されるようしっかりと意見を述べることが重要だと思います。ただ，「争点の確認表」が示されるタイミングでは，審判所内部での審理もひと通り終え，結論の方向性もほぼ固まってしまっています。したがって，納税者の主張の趣旨を，審理や裁決に十分に反映してもらうためには，より早い段階で，請求人面談などの機会を通じて審判所内での主張・争点整理の状況を把握するよう努めた上，納税者からも積極的に主張・争点整理の案を示していくことが望ましいといえます。

　争点の選択に当たっては，多くの事案で審判所が原処分を取り消す理由として書きやすいのは課税要件に関する事実認定の誤りですので，審査請求では，法令解釈よりも，まずは事実を争うことができないかを検討するのがよいと考えます。

　提出する書面も，基本的には，裁決書のように法令解釈と事実認定，当てはめの過程はなるべく項目を分けて記載するほうが，審判所としても裁決書をどのように書けばよいかイメージしやすいと思います。

　事実認定については，争いがない事実と客観証拠から明らかな事実（いわゆる「動かし難い事実」）をできる限り主張・立証の基本に据えるのが民事訴訟における基本ですが，審査請求でもそれは同じです。

III まとめ

1 審判所の任期を終えての今後の仕事

佐藤：審判所の任期付職員を卒業して，今，どのようなお仕事をされており，あるいは将来に経験を活かしていこうとお考えでしょうか。

向笠：私は，弁護士法人の設立に参画しました。この弁護士法人は，会計コンサルティング会社を母体とした税理士法人，社労士法人，M&A仲介会社など複数のグループ法人の関連グループという位置づけにあります。

　関連グループに税理士法人が存在することから，契約書チェック，民法や会社法に関する相談，相続に関する相談のような一般的な法律相談のみならず，想定している組織再編について，行為計算否認（法人税法132条，132条の2）のリスクがどれくらいあるのか，といった租税法の知識が必要となる相談や案件もあります。また，直接的には独占禁止法や下請法に関するものではありますが，消費税法上のインボイス（適格請求書）制度導入に伴って取引価格の引下げを考えているが，法律上問題はないのか，という相談を受けたこともあります。このような租税法やそれに関連した相談は，審判所で働き，租税法についての知識，経験を身につけなければとても対応できなかったものです。

　一方で，一般の方と言いますか，お客様にとっては，「税金に関することは税理士に相談」という感覚が強いように感じています。そこで，税金のトラブルも，突き詰めれば課税の根拠である租税法の解釈や認定事実が問題となるのであって，その部分は弁護士の出番である，ということを広く周知したいと考えています。ただ，具体的に何をしよう，というイメージまでは描けていないので，これは，今後の検討課題です。

安田：私は，企業法務を総合的に取り扱う弁護士100人ほどの規模の法律
事務所で租税法関連の案件を中心に担当しています。

　審判所での経験を最も直接的に活かせているのは，やはり租税争訟案
件です。特に，租税訴訟，審査請求では，審判所で判断者側の立場を経
験したことで，退官後，どのような主張が裁判所や審判所に認められや
すいかをイメージしやすくなり，主張戦略や事件の見通しをしっかりと
立てられるようになりました。統計上は請求認容割合が１割未満である
ことから，一般的には租税事件で納税者が勝つ見込みは乏しいと思われ
がちですが，退官後，勝つ見込みがあると考えて受任した事案では請求
認容判決，裁決を得られており，やはり争うべき事案も決して少なくな
いと実感しています。

　とはいえ，いったん課税当局が行った課税処分を裁判所や審判所に取
り消してもらうハードルはなお高く，また，取り消してもらえたとして
も長い時間がかかります。したがって，より望ましいのは，税務調査段
階でも弁護士として関与し，法的視点に基づく主張・立証を尽くして，
課税処分自体を断念させることだと考えています。税務調査終盤で，あ
らかじめ審査請求のご相談に来られることがありますが，そのような
ケースでは，審査請求になれば作成するような主張書面を前倒しで準備
し，「意見書」として課税当局に提出することをご提案しています。調
査担当者からはすでに課税の方針は固まったと言われていても，「意見
書」を提出すれば，争訟が見込まれる事案として再度慎重に審理され，
その結果，課税処分の断念に至ることも少なくないからです。

　また，租税法に関連する分野として，事業承継案件を担当することも
多いです。事業承継では，従来は，税務は顧問税理士，法務は顧問弁護
士という形で別々に検討することが一般的であったと思いますが，クラ
イアントのニーズに応じた最適解を効率よく見つけるためには，税務と
法務の両面をバランスよく検討する必要があります。しかも，事業承継
に関しては，株式の帰属や遺留分侵害に関する紛争のほか，税務処理に

関して課税当局から否認されるリスクもあります。紛争予防の視点も含め，法務・税務の両面を幅広く見て助言できるように心がけています。

2 ｜ 審判所や国税組織について思うこと

佐藤：審判所という組織，あるいはより広く国税の組織全般について，特に弁護士という立場から思うところがあればお聞かせください。

向笠：処分が納税者に与える影響力を考えると，国税組織には，法的三段論法や課税要件を意識し，無理な処分を行わないようにしてほしい，という思いがあります。

　審判官をしていた時，「答弁書」等での主張に理論的に無理があり，そもそもの処分時の理由もやはり無理があるというケースに何度か当たったことがあります。そのような場合，原処分庁に釈明を求めている中で原処分庁が職権で処分を取り消すこともありましたが，何が何でも処分を維持しようとしてさらに無理な主張を重ねる，ということもありました。国税組織として，おいそれと間違いを認めるわけにはいかない，ということもあるとは思います。しかし，租税法律主義の観点からすれば，本来課税されるべきでない者に課税することが問題だと思いますので，処分を維持できない場合には潔く職権で取り消す，という選択をしてもらいたいです。もっとも，職権取消しは次善の策，あるいはやむを得ない措置で，本来的には，無理な処分を課さないようにしてほしいと思っています。そのためにも，税務調査や処分の段階から，法的三段論法や課税要件を意識した対応をしてもらいたいですし，それを後押しするという観点からすると，先ほど安田先生もおっしゃっていたように，税務調査段階から弁護士が関与することがポイントのように思います。

　この点に関しまして，思い出深い出来事があります。法的三段論法についてよく勉強され，私にも何度も質問をしてきた審査官の方がいらっしゃいました。その方は，私よりも一足先に審判所を卒業し，税務署で

の勤務に復帰されたのですが，私の任期満了直前に連絡をくれ，「今の部署では，若手育成も取り仕切っており，審判所時代に教えていただいたことを参考にして要件事実研修を取り入れ，若手に法的三段論法から事実認定の入門的なことを伝えています」とおっしゃっていました。このようにおっしゃってもらえて，純粋に嬉しかったのはもちろんですが，それと同時に，審判所でリーガルマインドについての知見を得た方が現場に戻り，それを後輩らに伝えることで，国税組織全体としてのリーガルマインドが高まり，その結果，これまで以上に適正な処分がなされる環境が整っていくのではないか，と感じました。

安田：これまで，審判所の裁決は，課税実務の現場では強い影響力がある一方，裁判所の判断や学説にはあまり影響を与えてこなかったと思われます。従前の裁決に対しては，主張・争点整理や事実認定が十分でなく，説得力に欠けるという批判も聞くように思います。ただ，最近は，少なくとも審判所内部では，法的三段論法や課税要件事実といった法的な視点からの議論がより重視される傾向にあることは間違いないと思います。取り消されるべき課税処分が審査請求でしっかりと取り消されるよう，審判所における法的な視点からの審理の質がますます向上することを期待しています。

3 ｜ 最後に

佐藤：そのほか，語り残した点や読者へのメッセージがあればお願いします。

向笠：任期付職員として働く場合，弁護士業務は一時休業することになります。審判所における任期付職員の任期は原則3年で，延長すれば4年となり，3～4年もの間，弁護士業を離れることに不安を持たれる方もいらっしゃるかと思います。

　しかし，審判所で得られる知識や経験は，弁護士業では絶対に得られないものですし，また，租税法に関心のある弁護士はもちろんのこと，

税理士，公認会計士，そして国税組織の方といったさまざまな方と知り合えることになります。このような経験や人とのつながりは，弁護士に復帰してからも大いに役立ちますし，実際に，審判所に行っていなければ，私がこの鼎談に参加させていただく機会もありませんでした。

　審判所での経験は，長い目で見れば弁護士業に絶対にプラスとなると思います。租税法に関心がある方は，任期付職員として働くことを前向きにご検討いただければと思いますし，この鼎談が，そのような方のご決断を後押しできれば嬉しく思います。

安田：審査請求の件数は，課税処分の件数に比べてまだまだ少ないのが現状です。しかし，審査請求は原則1年以内に処理され，取消裁決が得られれば早期解決を図ることができるメリットがあることに加え，裁決の質も年々向上しており，請求が認容されない場合でも，租税訴訟まで提起するかどうかの判断材料として裁決を得る意味もあるので，審査請求はもっと活用されてよいと考えています。

　そして，審査請求を行う場合，弁護士が代理人となる場合はもちろんですが，税理士や公認会計士が代理人となられる場合も，よい裁決を得るために，ぜひ，法的な視点をより強く意識した主張・立証を行っていただければと思います。

佐藤：多岐にわたる詳細なお話をありがとうございました。審判所の外部登用制度は，民主党政権によって大幅拡大されたころから数えても10年以上が経ち，すっかり審判所の実務に定着していることが，お二人のお話からよく分かりました。他方で，最近は，応募者を確保することが困難になってきている面もあると聞いています。私自身のことを振り返っても，審判所で，生の事件に向き合い，また，最前線の国税職員の方々と一緒に働きながら得た知識や肌感覚が，その後，弁護士として租税実務に関わる際の大きな力となり，また，法曹としての感覚と課税実務の感覚を対照して考え続けたことが，現在，研究者の端くれとして租税法を研究・教育する道につながったとも感じています。

　今後も，より多くの弁護士，税理士，公認会計士といった実務家の皆さんが，審判所の任期付職員を経験してくださることを期待しています。

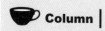 **Column**

国税における官民交流

　筆者は平成17年（2005年）に国家公務員Ⅰ種（現在の総合職）職員として国税庁に採用された。その当時は現在のように国税当局が外部から任期付職員を登用するということはなく，国税当局での勤務を経て民間で活躍するためには，新卒で採用された後に転職するという選択肢しかなかったものと思われる。この点，米国などでは，ロースクール卒業後に弁護士としてキャリアをスタートした後，日本の国税庁に相当するIRS（内国歳入庁）に転職して，その後再度弁護士に転じるといったパターンが普通にあり，それが花形の"タックスロイヤー"であるとされる。

　その後時代が下って，本文にもあるとおり，国税不服審判所では民間人を任期付職員として積極的に登用するようになり，また，国税局でも国際化に対応するために国際審理専門官や国際税務専門官などの高位の職種で外部から民間人を任期付職員として登用するようになったほか，国税調査官級の職種にとどまるものの，一定の社会人経験を有する者を任期付きではない職員として採用する経験者採用も開始されている。

　筆者としては，このように官民交流が進むことはより質の高い申告納税制度を実現するという観点から望ましいものと考えており，今後，国税当局において幹部クラスの職種で経験者採用がなされること，あるいは逆に国税職員が民間企業に出向するようになるなど，さらに官民交流が発展することを願ってやまない。

（木村浩之）

第**3**章

税務調査における
法的視点の活用

　本章では，税務専門家が課税当局に対峙する最初の場面
である税務調査においても，本書でこれまで述べてきた法
的視点の活用が有効であることについて，安田がケースス
タディも交えて論じる。随所に，木村によるColumnも挿
入した。
　本書の中でも，税務専門家にとって最も実践的に役に立
つ内容となっていることを期待する。

I　税務調査における法的視点の重要性

　課税当局と納税者との見解の相違は，税務調査において調査担当者から申告内容について何らかの誤り（非違）を指摘されることによって顕在化する。このような場合でも，納税者が修正申告に応じ若しくは課税処分を受け入れ，又は，納税者の反論を受けて課税当局が課税処分を断念するときは，争訟には発展しない。しかしながら，そのような形で見解の相違が解消せず，課税当局が行う課税処分等に対し，納税者が不服申立て（再調査の請求及び審査請求），さらに租税訴訟により，その取消しを求める場合に争訟となる。

　第1章及び第2章においては，課税当局と納税者との間で生じた争訟を解決するための手続としての租税訴訟・審査請求における法的視点の重要性について取り上げた。近時の裁判例においては，課税は原則として私法上の法律関係に即して行われるべきであるとの考え方が定着し，大型事案などを中心に，納税者が法的視点に基づいた適切な主張・立証を行うことで勝訴するケースも着実に増えている。

　もっとも，課税処分の取消しを求めて争うためには，審査請求で1年程度，訴訟になればさらに3～5年程度（地方裁判所で1年半～2年程度，高等裁判所で半年～1年程度，最高裁判所で1年前後）と長期間を要する。しかも，統計上は，審査請求や租税訴訟で納税者の請求が認容される事例の割合（勝訴率）は，せいぜい10％程度と今もなお低い水準にとどまっている。このような争訟の長期化や統計上の勝訴率の低さから，納税者の見解にも一定の合理性があると考えられるケースでも，一度更正処分がなされてしまうと，納税者が審査請求や租税訴訟で更正処分の取消しを争うことを断念するケースは少なくないと思われる。実際に，たとえば令和3事務年度における税務調査の件数は年間10万件以上[1]に及び，その大半で申告

内容に非違があるとされて追徴に至っているにもかかわらず，審査請求の処理件数は年間300～400件程度[2]，租税訴訟の発生件数は年間200件未満[3]と極めて少ない。

　他方で，上記のとおり審査請求や租税訴訟における勝訴率が現在もなお低い水準にとどまっている要因の一つとして，課税当局が，課税処分を行うに当たって，法的視点から処分の適法性をより厳格にチェックするようになったことが指摘できる。平成23年度の国税通則法改正後に出された事務運営指針では，十分な証拠の収集等に基づく事実認定と法令の適用の更なる適格化を図るという観点から，増額更正事案等については，調査担当部署において争点整理表を作成し，審理担当部署のチェックを経るなど，審理担当部署とより早期かつ緊密な連携・協調を図る運用が示されている（平成24年6月27日付け課総2－21ほか「署課税部門における争点整理表の作成及び調査審理に関する協議・上申等に係る事務処理手続について（事務運営指針）」）。また，平成19年以降，東京・大阪・名古屋の各国税局において任期付職員（国際調査審理官）として弁護士が採用されるようになったことも，課税当局の法的視点重視の姿勢を示すものといえよう。

　このように課税当局内部において慎重な審理がなされる運用となった結果，課税要件に該当する事実が認められるか否かについて疑義が残ると判

1　「国税庁レポート2023」65頁によれば，申告所得税実地調査31千件，源泉所得税実地調査48千件，法人税実地調査41千件，消費税実地調査（個人・法人合計）57千件，相続税実地調査6千件。
2　国税庁が公表している租税訴訟の発生件数・処理件数は，判決書の数に対応しているのに対し，国税不服審判所が公表している発生件数・処理件数（年間2,000～3,000件程度）は審査請求の対象となった処分の件数であり，裁決書の数に対応していない（朝倉洋子「情報公開請求でみる国税不服審判所のあり方」月刊税務事例37巻3号（2005）40頁）。裁決書数は，国税不服審判所の裁決要旨検索システムで確認することができる。たとえば，期間を令和4年7月1日～令和5年6月30日，キーワードを「裁」（すべての検索結果に含まれるワードである）と入力して「全税目」・「結果指定なし」・「全支部」の裁決を検索して表示される「裁決要旨一覧表」右上の「検索結果（件数）」というボタンを押すと，当該事務年度の裁決書数の合計が388件であることが分かる。
3　国税庁「令和4年度における訴訟の概要」（令和5年6月）によれば173件。

断されるようなケースでは，そもそも課税処分を断念することも少なくないと思われる。課税処分がなされるのは，このような審理を経て争訟においても処分の適法性が認められると判断されたケースであり，それだけ審査請求や租税訴訟でこれを覆すハードルは高いということができる。

　以上より，税務調査段階においても，課税当局から申告内容の誤り（非違）を指摘された場合，課税当局が，審理の過程で，課税要件に該当する事実が認められない，あるいはその疑いが残るとの判断に至るよう，納税者としては，法的視点に基づいた主張・立証を行っていくことが重要である。いったん課税処分がなされてしまえば，審査請求，租税訴訟でこれを争うことは可能であるものの，争訟が長期化することは必至であり，納税者の勝訴割合も低いのが現状である。このことを踏まえると，納税者にとって，税務調査段階で，争訟を見据え，法的視点に基づいて主張・立証を尽くし，「審査請求や訴訟になれば負ける可能性がある」との心証を課税当局に抱かせることで，課税処分を断念させることができるならば，その意義は非常に大きいといえる。

　しかしながら，現在の税務調査の実務では，課税当局側は，必要に応じて弁護士等も関与させ，法的視点に基づく審理を強化しているのに対し，納税者側では，専門家として弁護士が関与することは稀であり，税務調査に対応する税理士や経理担当者は法的な視点・スキルを必ずしも十分に有していないことがあると思われる。その結果，税務調査段階で法的視点に基づく適切な主張・立証が行われていれば更正処分を断念したであろうと思われるような微妙な事案でも，審査請求や租税訴訟に至って初めてそのような主張・立証がなされることとなり，争訟が長期化したり，納税者が敗訴したりするケースが少なからず生じているであろう。効果的な税務調査対応のためには，納税者側も法的視点に基づいた適切な主張・立証により課税当局に対抗できるよう，必要に応じて弁護士のサポートを得るとともに，税理士や経理担当者自身も法的な視点を身につけることが求められる。

　以下では，税務調査において法的視点に基づいた効果的な主張・立証を行うために留意すべき点として，課税要件に沿った争点の整理・分析の重要性（下記Ⅱ），「法的三段論法」に則った主張の重要性（下記Ⅲ），「書面」による主張の重要性（下記Ⅳ）について論ずる。

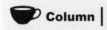 **Column |**

税務調査における税理士の役割

　税務調査を担当する調査官の立場から見て心理的なプレッシャーがかかるのは，あえて語弊を恐れずに言うと，"戦う税理士"を相手にするときであろう。税務調査を早期に終結させるために当局と妥協することに主眼を置く税理士も少なくないと思われるが，納税者の立場から見ると頼りなく映ってしまうことも事実であろう。

　もとより税理士は，「租税に関する法令に規定された納税義務の適正な実現を図ることを使命とする」（税理士法1条）のであるから，安易に当局と妥協するのではなく，あくまでも法令に則った正しい処理を求めるべきことは言うまでもない。その一方で，税理士によっては，法的な主張を行うことがあまり得意でない，あるいは所轄の税務署からにらまれたくないという思いもあるかもしれない。そのような場合には，弁護士を活用することが考えられる。

　実際に弁護士をどのように活用するかについては，法律意見書の作成を依頼する方法もあれば，共同又は単独での調査立会いを依頼する方法もある。いずれにしても，調査官に対する心理的なプレッシャーという意味では，弁護士にかなうものはない。これにより納税者の主張が認められて有利に調査が終えられるのであれば，税理士としての役割を十分に果たしたことになろう。

課税要件に沿った争点の整理・分析の重要性

1 考え方

　更正処分がなされる場合には，法的三段論法に則って，その根拠となった法令と具体的事実が更正通知書に記載（理由附記）されることとなる。したがって，納税者は，審査請求や租税訴訟でその取消しを争う場合には，更正通知書に記載された処分理由から，更正処分の根拠とされた課税要件とそれに該当するとされた事実を（ある程度）知ることができ，そのうちいずれの課税要件を争うべきか，また，当該課税要件について解釈又は事実認定のいずれを争うべきかを検討することができる。

　これに対し，税務調査において調査担当者から申告内容の誤り（非違）を指摘される場面では，調査担当者の指摘について，根拠となる法令の規定が何であるのか，どの課税要件に関するものであるのかが明確にされず，納税者としてもこれらの点を明確にしないまま反論を行うことで，争点がかみ合わず，議論が水掛け論となってしまうことも少なくない。このような事態は，現場の調査担当者やこれに対応する税理士・経理担当者において法的な視点が欠けていることに起因して生じる問題であるといえる。それを防ぐためには，まずは調査担当者の指摘する非違が，どの法令の規定のどの課税要件に関するものであるのかを分析する必要がある。

2 ケーススタディ

〔設例〕

　非上場企業であるX社の経営者A（納税者）は，その保有するX社の全株式を，Aの子である後継者Bに対し，4億円で譲渡した（本件株式譲渡）。Bは，金融機関からの借入れを当該株式の購入資金に充てた。

　その後になされた税務調査において，調査担当者から，財産評価基本通達（評価通達）の定める類似業種比準方式と純資産価額方式の併用方式により，うち純資産価額方式については，直前期末から課税時期までの間に資産・負債に著しい増減があることから，課税時期に近接した直後期末の資産・負債の額に基づき純資産価額を算出すると本件株式譲渡当時のX社株式の時価は5億円であり，支払われた対価4億円との差額1億円が贈与税の課税対象となるとの指摘を受けた。

　これに対し，納税者は，本件株式譲渡の対価4億円は，X社においてキャッシュ・フローが厳しい状況が当面続く見込みであった中で，将来キャッシュ・フローや，直前期末の純資産価額も考慮し，金融機関とも協議して決定したものであるから，本件株式譲渡の時点における時価であり，直後期末の資産・負債の額は，譲渡対価を決定した時点では判明していなかったから考慮すべきでないと反論した。

　まず，この設例において，調査担当者の指摘の根拠となった法令の規定は，次の相続税法7条本文であると考えられる。

　著しく低い価額の対価で財産の譲渡を受けた場合においては，当該財産の譲渡があつた時において，当該財産の譲渡を受けた者が，当該対価と当該譲渡があつた時における当該財産の時価……との差額に相当する金額を当該財産を譲渡した者から贈与……により取得したものとみなす。

　この規定によれば，①「財産の譲渡」を受け，②その対価が「著しく低い」価額である場合に，③「当該対価と当該譲渡があつた時における当該財産の時価……との差額に相当する金額」につき贈与税が課されることと

なる。

　ここで，納税者の反論を見ると，納税者は，上記③「当該譲渡があった時における当該財産の時価」が4億円であると争うもののように見える。しかしながら，上記③の「時価」については，裁判例上，相続税法22条に規定する時価と同義であると解されている（東京地判平成25年10月22日税資263号順号12314等）ところ，同条の時価については，特別の事情がない限り評価通達により算出する課税実務が定着している。そして，同通達における純資産価額の計算については，課税実務上，あくまでも課税時期（本件では期中の譲渡時）における資産・負債の金額によることが原則とされ，ただ，課税時期において仮決算を行っていないため課税時期における資産・負債の金額が明確でない場合において，直前期末から課税時期までの間に資産・負債について著しく増減がないため評価額の計算に影響が少ないと認められるときは，直前期末の資産・負債の金額によっても差し支えないとされている[4]。また，本件のように直後期末に近接した時期に譲渡された株式の純資産価額について，直後期末の数値を用いてなされた課税を適法と認めた裁判例も存するところである（前記東京地判平成25年10月22日）。納税者がこれらの点について評価通達や裁判例と異なる評価方法によるべきであると主張するならば，課税当局としてはそのような主張はおそらく受け入れ難いものであり，議論は平行線のまま更正処分に至る可能性が高いであろう。

　他方，上記のとおり，相続税法7条は，②譲渡の対価が「著しく低い価額」であることを課税要件として規定している。調査担当者の指摘は同条の課税要件を満たすことを前提としているから，4億円が5億円より「著しく低い価額」であることを前提としていると考えられる。しかしながら，仮に評価通達に従って算出された「時価」が5億円であるとしても，本件株式譲渡の対価4億円が「著しく低い」価額であると判断したことについ

4　平成2年12月27日付け直評23ほか「相続税及び贈与税における取引相場のない株式等の評価明細書の様式及び記載方法等について」。

て具体的な根拠は示されておらず，この点は争う余地がありそうである。このように課税要件に沿って争点を設定することで，「著しく低い」場合とはどのような場合をいうのか，本件においてこれに該当する事情があるのかについてさらに検討し，議論を展開することが可能となる。

　審査請求や租税訴訟のみならず，通常の民事紛争においても，相手方の主張の根拠となる法令の規定やその要件を分析することは紛争解決の出発点といえるが，上記のとおり，税務調査においても，調査担当者の指摘の根拠となる法令の規定及び課税要件について分析し，課税要件に沿って争点を整理・分析することは，課税当局との水掛け論を避け，より課税当局が受け入れやすい主張を展開していくための出発点として大変重要である。

 **Column** |

条文の重要性

　課税の実務においては，しばしば「通達」が重要であると言われる。通達が定める要件に当てはめて，課税の要件を満たしているかどうかを検討するといった具合である。通達で定められた法令解釈は行政機関内部で拘束力を有するものであることから，当局としては課税の可否を検討する際に通達を検討することは重要である。

　これに対して，納税者としては，通達に必ずしも拘束されるものではなく，あくまでも法令に基づいて課税がなされるべきものであることから，法令の条文を検討することが重要である。租税関係の法令はしばしば複雑であるものの，本文で記載したように丁寧に条文を分析すると反論の糸口がつかめることも多い。

　なお，複雑な条文を解読する際の手助けとして，「図解シリーズ」（大蔵財務協会）などの実務解説書を参照することも有益と思われるが，最終的には必ず条文の原文を確認する癖をつけるようにしたい。

「法的三段論法」に則った主張
の重要性

1 考え方

　前記のとおり，調査担当者の指摘を課税要件に沿って整理・分析し，ある課税要件を争点として設定したとして，当該課税要件について，どのようにして主張・立証を展開するのがよいか。これは，税務調査において最終的に獲得すべき目標が更正処分を断念させることであり，更正処分を行うかどうかは課税当局が判断することを踏まえると，納税者としてどのような主張・立証を行えば課税当局が受け入れやすいか，という問題であるといえる。

　そこで，課税当局が更正処分に至るまでにどのような判断過程を経るのかを見ていきたい。この点に関し，前記Ⅰで紹介した平成24年6月27日付け課総2-21ほか「署課税部門における争点整理表の作成及び調査審理に関する協議・上申等に係る事務処理手続について（事務運営指針）」（本通達）が参考になる。

　本通達においては，まず，基本的な考え方として，「調査においては，非違事項に係る必要な証拠の十分な収集・保全及び事実関係に即した事実認定並びにこれに基づく法令の適用を的確に行うことが重要である」とされている。そして，増額更正処分を行う場合に作成される争点整理表には，関係法令等と争点に係る法律上の課税要件，当該課税要件に係る調査担当者の事実認定又は法令解釈を記載することとされている。すなわち，ここでは，調査担当者の指摘する非違事項について，根拠法令の解釈により課税要件を明らかとし（大前提），証拠から事実を認定して（小前提），課税要件に事実を当てはめるという法的三段論法に則って更正処分の適法性を

検証することが求められているといえる。

　したがって，納税者として，更正処分を断念するという結論を引き出すためには，法的三段論法に則って，課税当局の指摘に係る法令解釈（大前提）又は事実認定（小前提）に誤りがあり，課税要件に該当する事実がないため当該事案に法令を適用することはできない（当てはめ）ということを示していく必要がある。

　なお，法的三段論法に則って主張を組み立てる上で，一般論として，争訟においては法令解釈よりも事実面を争うほうが納税者の主張が認められやすい傾向にある。そして，税務調査段階では，課税当局の職員は通達に拘束される立場にあるから，通達と異なる解釈を主張してもそれが認められる可能性はなく，また，国税職員の執筆に係る書籍等で示されて課税実務として定着している解釈についても，それを争ったところで課税当局が受け入れる余地は乏しいと考えられる。したがって，税務調査段階では特に，主張戦略を検討するに当たって，より争いのない解釈を前提として事実認定や当てはめを争えないかを検討することが重要になる。

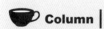 **Column |**

証拠収集の重要性

　調査官は質問検査権に基づく強大な調査権限を有しており，反面調査も含めて膨大な数の証拠を収集し，時間をかけて，場合によっては人数をかけて，証拠の整理をすることができる。いうまでもなく，事実は証拠によって認定する必要があり，事実認定で見解の相違が生じた場合，証拠収集能力の高い当局に対抗するのは容易でないように思われる。

　ただ，納税者側にも有利な事情はある。それは「証拠に近い」ということであり，仮説に基づいて模索的に証拠収集しなければならない当局に比べて，実際に行為や取引をした当事者である納税者は真実を知っているがゆえに，より効率的・効果的に証拠を集めることができる。そうすると，事実認定を

争う際には，一見すると当局が有利であるように見えるものの，当局の仮説を覆すような証拠が容易に集められるのであれば，むしろ納税者が有利であるといえる。

　いずれにしても，事実認定を争う上でポイントになるのが，どれだけ有利な証拠を集められるかである。証拠収集に当たっては，たとえば，下記のようなマニュアル本を参考にするとよいであろう。

東京弁護士会法友全期会民事訴訟実務研究会編集『証拠収集実務マニュアル〔第3版〕』（ぎょうせい，2017）

2 ケーススタディ

　設例に即して，法的三段論法に則った検討の過程を示すと，たとえば以下のとおりとなる。

(1) 法令解釈

　まず，争う課税要件（大前提）について，対価が「著しく低い」価額であるとはどのような場合をいうのか。みなし譲渡所得に関する所得税法59条1項2号の「著しく低い価額の対価」については，時価の2分の1に満たない金額とすることが所得税法施行令169条で規定されているのに対し，相続税法7条の「著しく低い価額の対価」についてはこのような規定がないため，その解釈が問題となる。この問題に関し，解釈を示した通達は見当たらないが，裁判例には次のように述べたものがある。

　一般に財産の時価を正確に把握することは必ずしも容易ではなく，しかも，同条の適用対象になる事例の多くを占める個人間の取引においては，常に経済合理性に従った対価の取決めが行われるとは限らないことを考慮し，租税負担の公平の見地からみて見逃すことのできない程度にまで時価との乖離が

著しい低額による譲渡の場合に限って課税をすることにしたものであると解される。そうすると，同条にいう「著しく低い価額」の対価とは，その対価に経済合理性のないことが明らかな場合をいうものと解され，その判定は，個々の財産の譲渡ごとに，当該財産の種類，性質，その取引価額の決まり方，その取引の実情等を勘案して，社会通念に従い，時価と当該譲渡の対価との開差が著しいか否かによって行うべきである。（東京地判平成19年8月23日判タ1264号184頁）

　ここで，このような解釈が課税当局にとって受け入れ難いものでないかを，他の裁判例や文献（特に国税職員により執筆されたもの）も踏まえて検討すると，裁判例の中に概ね同旨を述べたものが複数存在する（紙幅の関係で紹介は割愛する）ほか，国税職員の手による論稿において，それらの裁判例も踏まえた上，次のように述べたものがある。

　「著しく低い価額の対価」に該当するか否かに当たっては，……当該財産の譲受けの事情，譲受対価，市場価額及び相続税評価額などを勘案して専ら社会通念に従って個別に判定することとなる。……「著しく」という文言の解釈は，……適正な時価よりも低いことが絶対的に「明白である」と解することにより重きを置いているように考えることができよう。（宮脇義男「相続税法第7条及び第9条の適用範囲に関する一考察」税大論叢65号（2010）332頁）

　その低い対価の額が看過できない程に顕著な場合には，時価課税という相続税・贈与税の適切な課税を図る観点から，その差額部分を贈与税等の課税に取り込む規定が相続税法第7条であり，そうした状態を法文上「著しく」という文言で表現したものである……。（同334頁）

　ここでは，「著しく」の解釈について，時価とのかい離の程度が看過できないほどに著しい場合に限る趣旨であり，時価として経済合理性がないことが明白であることを要することや，その判断に当たって，評価通達に

よる相続税評価額のみならず，当該財産の譲受けの事情（取引価額の決まり方もこれに含まれると解される）も考慮されることについては異論がないようであり，この解釈に依拠した主張は課税当局としても十分受け入れる余地があると思われる。

　このように，税務調査段階では，納税者が依拠しようとする法令解釈について，課税当局の目線で受け入れ可能かどうかを検討することが重要であり，そのための資料として，国税庁が法令解釈に関して公表する通達，質疑応答事例，タックスアンサー等のほか，税制改正の解説，国税職員の執筆に係る通達の逐条解説，研究論文（税大論叢，税大ジャーナル）等を確認しておくべきである。

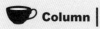 **Column**

文献調査の方法

　租税関係の文献として最も汎用性が高いのは，「DHCコンメンタール」（第一法規）のシリーズ（所得税法，法人税法，相続税法，消費税法，国税通則法）であろう。これは各税法の条文を逐条解説したものであるが，各規定の立法趣旨，沿革を条文ごとに明らかにしつつ，関係法令・通達・告示，判例・裁決例等を豊富に引用したものであって有用性が高い。当局も課税の実務において使用するものであり，信頼の置ける文献であるといえよう。もともと加除式書籍として出版されたものであるが，デジタル版が「税務・会計データベース」上で提供されており，こちらは検索などの観点からより利便性が高いといえる。

　それからお勧めしたいのは，国会図書館が提供する「国立国会図書館サーチ」，国立情報学研究所が提供する「CiNii Research」といった文献データベースで，書籍や論文を網羅的にキーワード検索してみるということである。特に国会図書館では，複写したい資料と複写箇所が特定できれば，来館しないで複写を申し込むことができるサービスが提供されており，非常に便利で

ある。

　また，最近では，会計税務の書籍・雑誌がオンラインで読み放題の有料
サービス「丸善リサーチ」（リーガルテクノロジー）も有用である。

⑵　事実認定・当てはめ

　「著しく低い」の判断に当たって，「当該財産の種類，性質，その取引価
額の決まり方，その取引の実情等」を勘案すべきとする裁判例の解釈を前
提とすると，本件では次のような事情を主張することが考えられる。

ア　取引価額の決まり方

　本件株式譲渡の対価４億円は，Ｘ社においてキャッシュ・フローが厳し
い状況が当面続く見込みであった中で，将来キャッシュ・フローや，当時
判明していた直前期末の資産及び負債の額に基づく純資産価額を考慮して
決定したものであるところ，このような取引価額の決定の在り方は，社会
通念に照らしてみても，経済合理性のないことが明らかなものとはいえな
い。

　この点に関し，評価通達における純資産価額については，直前期末から
課税時期までの間に資産・負債の金額に著しい増減があれば，直前期末の
純資産価額によることは認めないのが課税実務であることは前述のとおり
である。しかしながら，「著しく低い」価額の対価に当たるかどうかにつ
いては，評価通達による評価額との比較のみによって画一的に判断される
ものではなく，取引価額の決まり方等も総合考慮して社会通念に照らして
判断されることは前記⑴のとおりであり，この観点から見た場合，取引時
点で判明している直前期末の純資産価額を考慮することが社会通念に照ら
して不合理であるとは必ずしもいえない。

イ　財産の種類・性質

　評価通達は，財産の客観的交換価値は必ずしも一義的に確定されるものではなく，これを個別に評価することとすると，その評価方法及び基礎資料の選択の仕方等により異なった評価額が生じることが避け難いこと等から，あらかじめ定められた評価方法によって画一的に評価することで納税者間の公平等を図るという考え方に基づき定められたものである。ここでは，時価がある程度幅のある概念であることが前提とされているといえる。

　この点に関し，上場株式等のように市場等において大量かつ反復継続的に取引が行われている場合には，多数の取引を通じて一定の取引価格が形成されており，そのような取引価格により時価を把握しやすいのに対し，本件のような取引相場のない株式については，特定の当事者間又は特定の事情の下で取引されるのが通常であり，その時価については，一義的に確定されない，幅のある概念であるという上記の考え方が特に当てはまる種類・性質の財産であるということができる。

ウ　その他

　本件株式譲渡の対価の額（4億円）は，評価通達に基づいて算出された本件株式譲渡当時のX株式の相続税評価額（5億円）の80％に相当する額である。上記イの取引相場のない株式の性質を踏まえると，この程度の開差をもって直ちに本件株式譲渡の対価の額に経済合理性がないとはいえないと考えられる。

　なお，この点に関連し，平成元年以降，取引相場のない株式等の譲渡の対価について相続税法7条の「著しく低い価額の対価」該当性について判断を示した主な裁判例は下表のとおりであるところ，このうち課税処分が維持された事例（国側勝訴の事例）における株式譲渡の対価は，いずれも相続税評価額の2分の1未満又はそれに近い水準であって，本件株式譲渡における対価のように相続税評価額の80％程度の水準の価額が「著しく低い価額」に該当すると判断した事例は見当たらない。

裁判所・年月日	判決結果	相続税評価額に対する割合
仙台地判平成３年11月12日判時1443号46頁	国側勝訴	6.8〜8.3%
東京地判平成12年５月30日税資247号966頁	国側勝訴	49.2%
東京地判平成13年２月15日税資250号順号8836	国側勝訴	51.5〜55.4%
東京地判平成13年11月２日税資251号順号9018	国側勝訴	54.4%
東京地判平成17年10月12日税資255号順号10156	国側敗訴	100%
東京地判平成19年１月31日税資257号順号10622	国側勝訴	5.7〜21.8%
東京地判平成25年10月22日税資263号順号12314	国側勝訴	17〜20%

 **Column** |

判例調査の方法

　租税関係の判例を調査するには，判例集などの書籍にあたるのもよいが，データベースを活用することがより効率的であろう。租税関係の判例データベースとして最も充実しているのは，TKCが提供する「LEX/DBインターネット」（TKCローライブラリー）の税務判例総合検索であると思われる。このデータベースでは，キーワードを入れて検索することで関連する租税関係の裁判例のほか，国税不服審判所の裁決例をも網羅的に確認することができる。そのほかのデータベースとして，税理士であれば，一般社団法人日税連税法データベースが提供する「TAINS」を利用するのもよいであろう。

　これらは有料のデータベースであるが，インターネット上において無料で閲覧できる資料として，国税庁がホームページで税務訴訟資料を提供している。これはすでに他の書籍などで裁判例が特定されている場合に，実際の判決文を確認するのに有用であるといえる。また，国税不服審判所のホームページには公表裁決事例が掲載されており，キーワード検索や目次検索によって過去の裁決例を確認することができる。

「書面」による主張の重要性

1 ┃ 考え方

　本通達（前記Ⅲ1）においては，調査担当者が作成した争点整理表に，納税者の主張も併記し，審理関係部署による審理・意見聴取を経て，署長・副署長が更正処分を行うか否かを含む事案の処理方針を決定することとされている。

　また，本通達においては，納税者との見解の相違があり，実際に争訟となる可能性があると見込まれる事案については，税務署の審理関係部署のみならず，必要に応じて，国税局の審理課にも支援を要請することとされている。国税局の審理課には，租税訴訟や審査請求事務に従事した経験のある者も含め，審理経験が豊富な職員が多く在籍している。

　このような課税当局の運用・体制を踏まえると，納税者としては，調査担当者の指摘に誤りがあると考える場合，納税者の主張を正確に審理関係部署や決裁者（署長・副署長等）に伝えるためにも，また，争う姿勢を明確に示して争訟となる可能性が高い事案と認識させ，より慎重なチェックを受けるためにも，その主張を書面にして提出することが重要である。

　書面の体裁について特に決まりはないが，審査請求において課税当局が作成する主張書面や国税不服審判所の裁決は，①法令解釈（大前提），②事実（小前提），③当てはめのそれぞれについて，項を分けて主張・判断の理由が記載されるのが一般的である。これは，法律文書作成の専門家でない国税職員が書面を作成する場合でも，書面の内容が法的三段論法に則った内容となることを担保するために，このような体裁になっているものと考えられる。税理士や経理担当者において意見書を作成する場合にお

いても，同様の理由で，①法令解釈（大前提），②事実（小前提），③当て
はめに項を分けて作成するのがよいと思われる。

2 ｜ ケーススタディ

　設例の事案において，当初の納税者の主張を口頭で調査担当者に伝えた
場合，次頁の表のような内容で審理・決裁がなされる可能性がある。この
場合，相続税法7条の「著しく低い」価額の対価については，同条の「時
価」と規範の内容も当てはめも大きく異なりうるにもかかわらず，この点
について十分な審理がなされないまま更正処分に至るおそれがある。

項　目	調査担当者の主張	納税者の主張	審理担当者等の意見
本件株式譲渡当時のX社株式の時価が5億円であること。	評価通達179の定める類似業種比準価額と純資産価額の併用方式により，うち純資産価額については，課税時期と近接する直後期末の資産・負債の金額を基に純資産価額を算出して本件株式譲渡当時のX社株式の時価を算出すると5億円となる。	①本件株式譲渡の対価4億円は，将来キャッシュ・フローや，直前期末の資産・負債の金額に基づく純資産価額も考慮し，金融機関とも協議して決定したものであるから時価である。 ②直後期末の資産・負債の金額に基づく純資産価額は譲渡対価を決定した時点では判明していなかったから考慮すべきでない。	①相続税法7条の時価についても特別の事情がない限り評価通達により算出するのが相当である。 ②本件のように課税時期が直後期末に近接し，その間の資産・負債に著しい財産の増減がない場合は，直後期末の資産・負債の金額に基づく純資産価額によることが相当と認められる。 ③本件株式譲渡の対価の額について，時価よりも低いにもかかわらず，著しく低い価額の対価に該当しないとする事情は見当たらない。

　他方，主張する事実関係は同様でも，法的三段論法に則って書面で主張を展開する場合，たとえば164頁のような内容の意見書を提出することが考えられる。この場合，次頁の表のような内容で争点整理表が作成され，相続税法7条の「著しく低い」価額の対価との課税要件について十分な審理がなされることが期待でき，その結果，課税当局が更正処分を断念する可能性が高まるものと思われる。

項　目	調査担当者の主張	納税者の主張	審理担当者等の意見
本件株式譲渡の対価４億円が「著しく低い価額の対価」に該当すること。	①評価通達179の定める類似業種比準価額と純資産価額の併用方式により，うち純資産価額については，課税時期と近接する直後期末の資産・負債の金額を基に純資産価額を算出して本件株式譲渡当時のＸ社株式の時価を算出すると５億円となる。 ②本件株式譲渡の対価の額について，時価よりも低いにもかかわらず，著しく低い価額の対価に該当しないとする事情は見当たらない。	①「著しく低い」価額の対価とは，その対価に経済合理性のないことが明らかな場合をいい，その判定は，当該財産の種類，性質，その取引価額の決まり方，その取引の実情等を勘案して，社会通念に従い，時価と当該譲渡の対価との開差が著しいか否かによって行うべき。 ②本件株式譲渡の対価の額は，Ｘ社の将来キャッシュ・フローや，直前期末の資産・負債の額に基づく純資産価額も考慮して，金融機関とも協議の上で決定されたものであるところ，このような取引価額の決定の在り方は，経済合理性のないことが明らかなものであるとはいえない。	①「著しく低い」価額の対価に該当するか否かは，相続税評価額との比較のみならず，財産の譲受けの事情等も考慮して個別に判断することが相当と解される。 ②納税者主張の取引価額の決定の経緯等に鑑みれば，本件株式譲渡の対価の額は経済合理性がないことが明らかとまではいえず，「著しく低い」価額の対価に該当しないと認めるのが相当である。

　なお，ここで紹介した意見書例では，事実認定に関する詳細な記載は省略しているが，争訟においてはむしろ事実認定が争いの中心となることは繰り返し述べたとおりであり，実際の事案で意見書を作成する場合は，当てはめの前提となる事実（設例の場合は，特に本件株式譲渡の対価の額の決定に至った経緯に関する事実）について，課税当局がこれに依拠して検討・判断を行うことができるよう，客観的証拠をできる限り摘示しつつ，詳細かつ具体的な事実を記載することが大変重要である。

○○税務署長御中

株式会社X

意見書
（AのBに対する株式譲渡の件）

　AがBに対して行ったX社株式の譲渡につき，相続税法7条に基づき贈与税が課されるとの貴庁のご見解について，以下のとおり納税者の意見を申し述べます。

1　「著しく低い価額」の意義について（法令解釈）
　本件株式譲渡につき相続税法7条を適用するためには，本件株式譲渡における対価の額4億円が「著しく低い」価額の対価（相続税法7条）に該当する必要がある。
　相続税法7条は，「一般に財産の時価を正確に把握することは必ずしも容易ではなく，しかも，同条の適用対象になる事例の多くを占める個人間の取引においては，常に経済合理性に従った対価の取決めが行われるとは限らないことを考慮し，租税負担の公平の見地からみて見逃すことのできない程度にまで時価との乖離が著しい低額による譲渡の場合に限って課税をすることにしたものであると解される。そうすると，同条にいう「著しく低い価額」の対価とは，その対価に経済合理性のないことが明らかな場合をいうものと解され，その判定は，個々の財産の譲渡ごとに，当該財産の種類，性質，その取引価額の決まり方，その取引の実情等を勘案して，社会通念に従い，時価と当該譲渡の対価との開差が著しいか否かによって行うべきである」（東京地判平成19年8月23日判タ1264号184頁）。

2　本件株式譲渡に係る経緯等（事実）
　Aは，×年にX社を設立し，その発行済み株式の全部を保有していた。
　Bは，Aの子であり，×年にX社の取締役に就任し……。
　Aは，×年頃，……の理由により，その保有するX社の株式の全部をBに譲渡することを決意し，Bと協議した結果，その購入資金をBが金融機関より借り入れて有償で譲り受ける方針となった。
　本件株式譲渡における対価の額が4億円と決定された経緯は，次のとおりである。
　……
　以上のとおり，AとBは，本件株式譲渡における対価の額について，a銀行とも協議しつつ，a銀行からBが4億円を借り入れ，本件株式譲渡の対価

として支払うことを合意するに至り，×年×月×日，……との内容の株式譲渡契約書を作成するに至った。

その後，a銀行における決裁を経て，×年×月×日，本件株式譲渡が実行された。

3　当てはめ

本件株式譲渡の対価の額（4億円）は，X社のキャッシュ・フローが厳しい状況が当面続く見込みであった中で，X社の将来キャッシュ・フローや，直前期末の資産及び負債の額に基づく純資産価額も考慮して，金融機関とも協議の上で決定されたものであるところ，このような取引価額の決定の在り方は，経済合理性のないことが明らかなものであるとはいえない。

また，本件株式譲渡における対価の額（4億円）は評価通達による相続税評価額（5億円）の80％の水準にとどまるものであるところ，時価は一義的に確定されるものではなく，一定の幅がある概念であることに加え，X社株式のような取引相場のない株式については，その評価方法や基礎資料の選択の仕方等により特に評価額に差が生じやすいことを踏まえると，上記の程度の開差をもって，直ちに本件株式譲渡における対価の額が「著しく低い」価額の対価に該当するということもできない。最近の主な裁判例を見ても，取引相場のない株式等の譲渡の対価が「著しく低い」価額に該当すると判断されたのは，いずれも対価の額が相続税評価額の2分の1未満又はそれに近い水準であった事例であり，相続税評価額の80％程度の水準の価額を「著しく低い」価額と判断した事例は見当たらない。

4　結語

よって，本件株式譲渡における対価の額（4億円）は「著しく低い」価額の対価に該当せず，本件株式譲渡について，相続税法7条は適用されないものと思料する。

以上

【編著者略歴】

佐藤　修二（さとう　しゅうじ）

1997年	東京大学法学部卒業
2000年	弁護士登録
2005年	ハーバード・ロー・スクール卒業（LL.M.）
2011年〜2014年	東京国税不服審判所勤務（国税審判官）
2019年〜2022年	東京大学大学院法学政治学研究科客員教授
2022年	弁護士登録取消し
現　在	北海道大学大学院法学研究科教授

〈主な著作〉

『夏休みの自由研究のテーマにしたい「税」の話』（共著，中央経済社，2020年）

『事例解説 租税弁護士が教える事業承継の法務と税務』（監修，日本加除出版，2020年）

『受益権複層化信託の法務と税務』（監修，日本法令，2020年）

『租税と法の接点』（大蔵財務協会，2020年）

『対話でわかる国際租税判例』（共著，中央経済社，2022年）

【著者略歴】

木村　浩之（きむら　ひろゆき）

2005年	東京大学法学部卒業
2005年〜2009年	国税庁（国家公務員Ⅰ種）勤務
2010年	弁護士登録
2016年	ライデン大学国際租税センター修了（国際租税法上級LL.M.）
2016年	ビューレン法律事務所（デン・ハーグ／アムステルダム）勤務
2016年〜2017年	KPMGシンガポール（国際租税部）勤務
2020年	一橋大学法学研究科非常勤講師（担当科目：国際租税法）
現　在	弁護士法人淀屋橋・山上合同パートナー

〈主な著作〉

『租税条約入門―条文の読み方から適用まで』（中央経済社，2017年）

『事例解説 租税弁護士が教える事業承継の法務と税務』（共著，日本加除出版，2020年）

『受益権複層化信託の法務と税務』（共著，日本法令，2020年）

『中小企業のための予防法務ハンドブック』（共著，中央経済社，2021年）

『新版 基礎から学ぶ相続法』（清文社，2022年）

『対話でわかる国際租税判例』（編著，中央経済社，2022年）

『弁護士として知っておきたい国際企業法務』（共著，第一法規，2023年）

『相続税実務のための"知らない"では済まされない相続法』（共著，ぎょうせい，2023年）

向笠　太郎（むかさ　たろう）

2003年	上智大学法学部国際関係法学科卒業
2009年	上智大学法科大学院修了
2010年	弁護士登録
2011年〜2018年	岡村綜合法律事務所勤務
2018年〜2022年	東京国税不服審判所勤務（国税審判官）
現　在	弁護士法人日本クレアス法律事務所所属

〈主な著作〉

『これだけは知っておきたい取締役の法律知識』（共著，SMBC懇話会，2015年）

『広報・宣伝担当者のための著作権入門』（共著，SMBC懇話会，2018年）

『景品表示法の法律相談〔改訂版〕』（共著，青林書院，2018年）

『要件事実で構成する相続税法』（共著，中央経済社，2023年）

「平成23年国税通則法改正と調査手続の瑕疵を理由とする課税処分の取消し」月刊税理66巻10号（2023年）156頁

「滞納税額がある債権者からの債務免除—第二次納税義務における現存利益について—」税務弘報71巻9号（2023年）141頁

安田　雄飛（やすだ　ゆうと）

2008年	京都大学法学部卒業
2010年	京都大学法科大学院修了
2011年	弁護士登録
2012年〜2016年	三宅坂総合法律事務所勤務
2016年〜2019年	東京国税不服審判所勤務（国税審判官）
2019年	弁護士再登録・税理士登録
現　在	弁護士法人北浜法律事務所パートナー

〈主な著作〉

「実務家が知っておくべき「最新 未公表裁決」」週刊税務通信（2019年〜連載）

「デット・エクイティ・スワップにおける債権の「時価」」月刊税理62巻15号（2019年）149頁

「"TPR事件判決"の問題点」週刊税務通信3584号（2019年）18頁

「取引相場のない株式に係るみなし譲渡課税における配当還元方式の適用の可否」月刊税理63巻8号（2020年）206頁

「特集　加算税賦課の適正性の判断軸：税務当局による見解の変更—「正当な理由」と変更・周知の有無の判定のあり方」税務弘報70巻10号（2022年）56頁

「転売目的でなされた居住用賃貸建物取得の仕入税額控除を巡って」税経通信78巻7号（2023年）83頁

対話でわかる租税「法律家」入門

2024年3月25日　第1版第1刷発行

編著者	佐	藤	修	二
著　者	木	村	浩	之
	向	笠	太	郎
	安	田	雄	飛
発行者	山	本		継

発行所　㈱中 央 経 済 社

発売元　㈱中央経済グループ
　　　　　パ ブ リ ッ シ ン グ

〒101-0051　東京都千代田区神田神保町1-35
電話　03 (3293) 3371 (編集代表)
　　　03 (3293) 3381 (営業代表)
https://www.chuokeizai.co.jp
印刷／東 光 整 版 印 刷 ㈱
製本／㈲ 井 上 製 本 所

© 2024
Printed in Japan